EL SECRETO

EL SECRETO MÁS GRANDE

EL SECRETO MÁS GRANDE

Rhonda Byrne

HarperCollins

Editado por HarperCollins Ibérica, S. A.
Avenida de Burgos, 8B - Planta 18
28036 Madrid

*Diseño de portada: Nic George, director creativo, y Josh Heldlund, artista gráfico, para
Making Good, LLC*
Imagen de portada: Nic George
Dirección creativa y artística: Nic George
Diseño gráfico y artístico: Hedlund
Diseño de maqueta: Yvonne Chan
Maquetación: Raquel Cañas

Impreso en España por Graphycems
I.S.B.N.: 978-84-1064-171-6
Depósito legal: M-19218-2024

Dedicado a toda la humanidad

Que El Secreto Más Grande *te libere*
de todo sufrimiento y te traiga felicidad eterna.

Ese es mi deseo para ti, y para todo ser humano.

«De entre todo aquello que los seres humanos pueden aprender en esta vida, tengo la mayor nueva que darte, la cosa más bella que pueda compartirse…».

—Mooji

Índice

Agradecimientos

El Secreto Más Grande no habría venido al mundo sin la ayuda y el apoyo de numerosas personas. En primer lugar, quiero expresar mi reconocimiento y mi respeto por los maestros cuyas enseñanzas iluminadoras se citan en estas páginas. Ellos encarnan la gracia y la sabiduría, y me siento inmensamente agradecida por su presencia y su disposición a formar parte de este libro transformador.

Gracias también de todo corazón a los científicos y médicos que menciono en el libro por indicarnos, con sus enfoques revolucionarios, que la humanidad necesita dejar atrás la edad oscura de los paradigmas obsoletos y acceder a la presencia iluminadora del Ser Infinito que somos en realidad.

A los miembros del equipo de *El Secreto* que han trabajado conmigo en *El Secreto Más Grande*: no tengo palabras para expresaros mi gratitud por vuestra dedicación y vuestro apoyo a este proyecto. Estoy segura de que, cada vez que le anuncio al equipo que he descubierto algo sensacional que debo compartir con el mundo, respiran hondo y se preguntan «¿y ahora qué?». Aun así, todos ellos sin excepción abren la mente, elevan su consciencia hasta el nivel requerido y hacen aportaciones valiosísimas, cada uno en su papel.

Skye Byrne, mi hija, es la editora de *El Secreto*, mi editora y la brújula humana de todos mis libros. Para editar mis obras, Skye ha de entender a la perfección todas las enseñanzas que contienen, a fin de procurar que no me vaya por las ramas y que cumpla mi mayor deseo: escribir con la mayor sencillez posible de manera que millones de personas se vean libres de sufrimiento y moren en la alegría. Trabajar con el manuscrito de un libro en sus primeras fases no es hazaña pequeña, y no hay otra persona en el mundo que pueda hacerlo con la inteligencia y la perfección con que lo hace ella. Le debo a Skye mi más honda e inefable gratitud, puesto que la huella de su sabia mano se encuentra en cada página de este libro.

Otra mano que ha dejado huella en cada página es la de nuestro director de arte, Nic George. El hermoso diseño de este libro es fruto de sus extraordinarias capacidades creativas, de la belleza de su mirada y su saber hacer, y de su profunda intuición. Crear un nuevo libro con Nic es un puro deleite, y me siento muy afortunada por contar con él y con Josh Hedland, que colaboró con Nic en el diseño de la portada y el interior de *El Secreto Más Grande*.

Glenda Bell se coordinó con gran eficacia con los respectivos equipos de los maestros y colaboradores que aparecen en el libro para que sus enseñanzas aparecieran reflejadas con exactitud en estas páginas. Le estoy muy agradecida por el esfuerzo ímprobo que hizo trabajando de sol a sol, noches y fines de semana, desinteresadamente y con entusiasmo, para comunicarse con todas las zonas horarias.

Gracias asimismo al resto del increíble equipo de *El Secreto*: a Don Zyck, el director financiero de nuestra empresa, que siempre está dispuesto a dar el siguiente salto cuántico y a guiarnos a través de los recovecos financieros y jurídicos, haciendo que todo fluya conforme a nuestra intención; a Josh Gold, que gestiona maravillosamente nuestras redes sociales y que se asegurará de que este libro se conozca en todos los países del mundo; a Marcy Koltun-Crilley, mi queridísima amiga, que me ha acompañado en este viaje desde el principio y que, me honra decirlo, es ahora parte integrante del equipo de *El Secreto*; y al productor Paul Harrington, con el que empecé a colaborar una década antes de que *El Secreto* viera la luz. Paul me alentó a escribir *El Secreto Más Grande* y me sirvió de inspiración durante las primeras fases de la escritura, cuando parecía casi imposible que esta preciosa verdad pudiera comunicarse con sencillez. Se encargó, además, de producir el audiolibro, trabajando con Tim Patterson en la posproducción para dar vida en forma de audio a las palabras reveladoras de este libro.

Quiero expresar también mi gratitud al estupendo equipo de HarperCollins, cuya ilusión por trabajar en este libro es contagiosa. Gracias a la maravillosa Judith Curr, presidenta y directora editorial de HarperOne, y a mi fantástico editor, Gideon Weil, con los que fue un enorme placer trabajar. Gracias también a Brian Murray, Terri Leonard, Yvonne Chan, Suzanne Quist, Laina Adler, Edward Benitez, Aly Mostel, Melinda Mullin, Adrian Morgan, Dwight Been, Anna Brower, Lucile Culver y Rosie Black.

Gracias asimismo al equipo internacional de HarperCollins: Chantal Restivo-Alessi, Emily Martin, Juliette Shapland, Catherine Barbosa-Ross y Julianna Wojcik. Al equipo de HarperCollins UK: Charlie Redmayne, Kate Elton, Oliver Malcolm, Katya Shipster, Helen Rochester, Simon Gerratt y Julie MacBrayne. Y a todas las filiales de HarperCollins Global Publishing: Brasil, Español, México, Ibérica, Italia, Holland, France, Germany, Polska, Japan y Nordic.

Gracias en especial a las siguientes personas, cuyas valiosísimas opiniones me fueron de gran ayuda: Peter Foyo, Kim Wall, John Wall, Hannah Hodgden, Marcy Koltun-Crilley, Mark Weaver y Fred Nalder.

A mi familia: Peter Byrne, Oku Den, Kevin (Kid) McKemy, Henley McKemy, Savannah Byrne Croning, y a mi hija Hayley, que fue quien hace dieciséis años me impulsó a emprender este viaje maravilloso en busca de la verdad. A mis queridísimas hermanas Pauline Vernon, Glenda Bell y Jan Child, gracias por quererme y por dejar que os quiera.

Y, por último, gracias a mi maravillosa y amada maestra, cuyas palabras y enseñanzas sobre la verdad han transformado radicalmente mi vida durante estos últimos cuatro años y me han ayudado a ver con claridad quién soy. Este precioso libro ha llegado a tus manos gracias a su generosidad y su paciencia infinitas al guiarme hacia mi hogar. Mi amor por ella no tiene límites.

El Comienzo

Tras la publicación de *El Secreto* en 2006, mi vida se convirtió en lo que solo puedo describir como una vida de ensueño. Gracias a la práctica rigurosa de los principios recogidos en *El Secreto*, mi mente se volvió decididamente positiva y esa positividad comenzó a reflejarse en mi vida en forma de felicidad, salud, riqueza material y relaciones sociales. Descubrí, además, un amor y una gratitud naturales hacia todo en esta vida.

Pero, aun así, algo dentro de mí seguía impulsándome a indagar en la verdad. Algo me urgía a continuar mi búsqueda, aunque todavía no supiera con qué fin.

Sin ser consciente de ello, ¡había emprendido un viaje que iba a durar diez años! Empecé por estudiar las enseñanzas de una antigua tradición europea, la Orden Rosacruz, a cuyo estudio dediqué muchos años. Pasé también largo tiempo estudiando el budismo, las numerosas obras de los místicos cristianos, así como teología, hinduismo, taoísmo y sufismo. Tras empaparme de las tradiciones antiguas y sus doctrinas históricas, mi búsqueda me condujo de vuelta al presente, y empecé a seguir las enseñanzas de maestros del pasado reciente como J. Krishnamurti, Robert Adams, Lester Levenson y Ramana Maharshi, así como de otros que todavía viven en la actualidad.

A lo largo de este periplo aprendí muchas cosas que el público en general desconoce. Pero, aunque eran fascinantes, ninguna me hacía sentir que había encontrado *la* verdad.

Con el paso de los años, llegué incluso a pensar que invertiría en esta búsqueda el resto de mi vida. Aunque no me diera cuenta entonces, andaba buscando la verdad por el mundo, cuando desde el principio la tuve mucho más cerca de lo que podía imaginar.

Diez años después de dar comienzo a mi búsqueda, a principios de enero de 2016, tuve un problema grave que me hizo sentir una decepción profunda. Me sorprendió la intensidad del sentimiento negativo que estaba experimentando. ¿Cómo podía sentirme tan mal cuando normalmente me sentía tan bien? Al final, sin embargo, ese desengaño iba a convertirse en un don valiosísimo en mi búsqueda de la verdad.

Para darle la vuelta a mi malestar, agarré mi iPad y estuve viendo en Conscious TV una entrevista con un hombre llamado David Bingham. En el momento de la entrevista, David no era un maestro, sino una persona corriente, como tú y yo, con una sola diferencia: que, tras veinte años de indagación, ¡había descubierto la verdad!

Después de ver la entrevista, oí un *podcast* que recomendaba David. Escuchándolo atentamente, descubrí que la mayoría de la gente pasa por alto este descubrimiento, no porque sea difícil, sino al contrario, porque es muy sencillo. Más tarde pude hablar por teléfono con David, que me dijo: «Mira lo que te indico. Lo tienes justo delante». Y de pronto vi lo que andaba buscando. Era, en efecto, muy sencillo y estaba justo ahí, ante mis ojos. Y así, sin más, después de una década, ¡concluyó mi búsqueda! Puedo decir sin vacilar que la felicidad y el gozo que me produjo ese descubrimiento hicieron que cada segundo de mi largo periplo valiera la pena. Habría valido la pena, aunque hubiera tardado toda la vida en descubrirlo.

Al final, toda la verdad que iba buscando —la verdad que buscamos todos, lo sepamos o no— se resumía en un solo hallazgo muy simple. Y al hacérseme evidente esa verdad, me di cuenta de que estaba en todas partes. Se hallaba en todo lo que había leído y aprendido a lo largo de diez años, aunque durante ese tiempo no hubiera alcanzado a verla. Llevaba años buscando, pasando de una tradición filosófica a otra, ¡y desde el principio había tenido delante de mí lo que buscaba!

Desde el instante en que hice este descubrimiento, supe que no había nada más importante que profundizar en ese hallazgo, experimentarlo por entero y compartirlo, después, con el mundo. Tenía la esperanza de mostrar el camino de salida a quienes sufren adversidades, de ayudar a poner fin al dolor y el sufrimiento que atenaza a tanta gente, y de encender una luz que sirva de guía hacia un futuro en el que podamos vivir sin miedos ni ansiedades.

Llevaba un tiempo tomando notas de todo lo que aprendía en una carpeta de mi ordenador que titulé *Mi próximo libro*. Guiada por mi intuición, anotaba todo lo que iba descubriendo, con la esperanza de poder compartirlo algún día con el resto del mundo. Esas anotaciones guardadas con mimo, cuando hube terminado de recopilarlas, se convirtieron en la base de este libro.

Apenas dos meses después de descubrir la verdad gracias a David Bingham, conocí a una mujer que iba a tener una influencia inmensa en mi vida y en la creación de este libro. Entró en la sala en la que me encontraba, durante un retiro, y cuando me acerqué a hablar con ella su presencia me causó una impresión tan honda que los posos de negatividad que aún quedaban en mi vida se disiparon al instante. Había sido alumna de uno de mis maestros preferidos de todos los tiempos, el difunto Robert Adams. Comprendí enseguida que iba a ser mi maestra, la que me ayudaría a comprender por entero la verdad y a vivirla en este mundo y, en efecto, es mi maestra desde hace cuatro años. Sus enseñanzas son muy directas, de una sencillez hermosísima. Y, si me equivoco de rumbo, nunca duda en decírmelo. Aunque por expreso deseo suyo debo mantener su identidad en el anonimato, comparto aquí muchas de sus enseñanzas vitales, que han contribuido a dar un vuelco a mi vida colmándola de alegría y felicidad constantes. Mi mayor deseo es que surtan el mismo efecto en ti.

Ella y los demás maestros a los que cito en este libro me ayudaron a salir de las tinieblas de la ignorancia al iluminar ese único descubrimiento. Todos ellos me han ayudado a entender en profundidad la verdad que he hallado y a experimentarla más plenamente, y el cariño que siento por ellos es infinito. Sus palabras, que cambiaron mi vida para siempre, jalonan este libro.

A medida que avances en la lectura de estas páginas, serás más feliz y tu vida se volverá más fácil y cómoda, y esa dicha y esa facilidad seguirán aumentando indefinidamente. El miedo y la incertidumbre respecto al futuro dejarán de atormentarte, y la ansiedad y el estrés del esfuerzo cotidiano y de los acontecimientos mundiales se disolverán. Puedes liberarte de todo el sufrimiento que estés experimentando en estos momentos, en cualquiera de sus formas. Y así será.

Aunque estas páginas contienen, desde luego, algunas revelaciones de gran trascendencia, también incluyen numerosos ejercicios sencillos para que pongas en práctica de inmediato esas revelaciones. Solo esos ejercicios valen su peso en oro. Lo sé de buena tinta: soy la prueba viviente de que funcionan.

Con *El Secreto*, aprendiste a crear todo lo que quieras ser, hacer o tener. Nada ha cambiado: eso sigue siendo tan verdad hoy como lo era antes. Este libro revela el mayor descubrimiento que pueda hacer un ser humano y te muestra el camino para salir de la negatividad, de los problemas y de todo aquello que no quieres, hacia una vida de felicidad y gozo perpetuos.

Mejor que eso, no hay nada. Es para mí un placer inmenso darte la bienvenida a *El Secreto Más Grande*.

OCULTO A PLENA VISTA

De los miles de millones de personas que habitan nuestro planeta, solo unas pocas han hallado la verdad. Esas pocas personas se han liberado por completo de la confusión y la negatividad de la existencia cotidiana y viven en una felicidad y una paz constantes. Los demás, nos demos cuenta o no, buscamos sin cesar esa verdad cada día de nuestras vidas.

A pesar de que muchos grandes sabios, profetas y líderes religiosos han escrito acerca de este gran secreto y han aludido a él a lo largo de los siglos, la mayoría de nosotros sigue ignorando la existencia del mayor descubrimiento que podemos hacer. Entre quienes han compartido esta revelación con sus congéneres se encuentran Buda, Krishna, Lao Tse, Jesucristo, Yogananda, Krishnamurti y el Dalái Lama.

Aunque las enseñanzas de cada uno de ellos sean distintas y acordes a su época histórica, todas giran en torno a una sola verdad: la verdad sobre nosotros y la que se oculta detrás de nuestro mundo.

«En algunas religiones, esta verdad se expresa más veladamente, con menos claridad que en otras, pero es, aun así, la verdad que yace en el núcleo de toda religión».

Michael James, de Happiness and the Art of Being

Este gran secreto está a la vista de cualquiera que quiera verlo. Se halla más cerca de nosotros que nuestro propio aliento ¡y aun así no lo vemos! Las tradiciones antiguas sabían que para ocultar un secreto había que ponerlo a plena vista, donde a nadie se le ocurriera buscarlo. Y es ahí precisamente donde reside El Secreto Más Grande.

«En la tradición del shivaísmo de Cachemira se lo conoce como "el secreto mayor, más escondido que lo más oculto y, sin embargo, más evidente que las cosas más visibles"».
Rupert Spira, de Ser consciente de ser consciente: la vía directa

Durante miles de años, hemos pasado por alto esa verdad porque no hemos sabido ver lo que tenemos justo delante. Nos hemos dejado distraer fácilmente por nuestros problemas, por nuestras tribulaciones cotidianas, por los vaivenes del mundo y sus acontecimientos, sin percatarnos de que teníamos ante nuestros ojos el mayor descubrimiento que podemos hacer: un hallazgo que puede sustraernos del sufrimiento y conducirnos a una felicidad duradera.

¿Qué secreto puede dar semejante vuelco a tu vida? ¿Qué hallazgo puede, por sí solo, poner fin a tu padecimiento o aportarte una paz y una dicha permanentes?

Muy sencillo: un secreto que te revele quién eres de verdad.

Quizá pienses que sabes quién eres, pero si crees que eres una persona con nombre y apellidos y determinada edad, raza, profesión, historia familiar y experiencias vitales, te llevarás una enorme sorpresa cuando descubras quién eres *realmente*.

«La única forma de que alguien te sea de ayuda es que cuestione tus ideas».
Anthony de Mello, S.J., de Awareness: Conversations with the Masters

Todos asumimos un sinfín de ideas y creencias falaces a lo largo de nuestra vida, y esas ideas y creencias nos mantienen esclavizados. Se nos ha dicho que en el mundo hay límites y carencias; que no hay dinero, ni tiempo, ni recursos, ni amor ni salud suficientes. «La vida es corta». «Eres humano, no lo puedes todo». «Tienes que trabajar con ahínco y luchar por ser algo en la vida». «Se nos están agotando los recursos». «El mundo está patas arriba; hay que salvarlo». Pero, en el momento en que ves por fin la verdad, esas falsedades se desmoronan y tu felicidad se alza de sus ruinas.

Quizá estés pensando: «Me va todo estupendamente, así que ¿para qué quiero conocer El Secreto Más Grande?».

Por citar al querido y añorado Anthony de Mello:
«¡Porque tu vida es un desastre!».

Puede que no estés de acuerdo. Yo, desde luego, tampoco lo creía hasta que supe qué quería decir Anthony exactamente.

¿Alguna vez te enfadas o disgustas? ¿Te estresas? ¿Te preocupas? ¿Te sientes ansioso, ofendido o dolido? ¿Triste, hecho polvo, desanimado? ¿Alguna vez te sientes infeliz o de mal humor? Si en algún momento experimentas alguna de estas emociones, entonces, según Anthony de Mello, tu vida es un desastre.

Tal vez creas que es normal que te asalten emociones negativas a lo largo del día, pero la vida no debería ser así. Puedes liberarte por completo del dolor, de la angustia, de la preocupación y el miedo y vivir en una dicha *continua*.

La vida nos enseña que hay un camino de salida para desprenderse del sufrimiento que nos causan las dificultades que nos salen al paso; sobre todo, si se trata de situaciones muy penosas. Pero no vemos esa salida. Nos extraviamos, inmersos en nuestros problemas, y no vemos lo que tenemos justo delante: el camino que nos permitiría escapar para siempre de todas esas zozobras.

«Buscamos la dicha en una experiencia tras otra, en una relación tras otra, en una terapia tras otra, en un taller tras otro, incluso en los talleres "espirituales" que parecen tan prometedores y que nunca abordan la raíz del sufrimiento, es decir, la ignorancia de nuestra verdadera naturaleza».

Mooji, de Fuego blanco, *segunda edición*

Cada vez que sufrimos, es porque creíamos algo de nosotros mismos que resulta no ser cierto. Porque confundimos nuestra identidad. *Todo* el sufrimiento humano se reduce a eso: a un error de identidad.

Lo cierto es que no eres una persona que carezca de control sobre lo que le sucede en la vida. No tienes que esclavizarte hasta el final de tus días haciendo un trabajo que te desagrada. No tienes que ir tirando a duras penas entre paga y paga. No eres una persona que necesite demostrar su valía o ganarse la aprobación de los demás. Lo cierto es que no eres una persona, en absoluto. Estás teniendo la *experiencia* de ser una persona, claro, pero en términos más amplios no es eso lo que eres.

«Las cosas no son lo que parecen ser. Tú no eres lo que crees ser».

Jan Frazier, de The Freedom of Being

«A veces, nos centramos en los síntomas de la vida y pasamos por alto su verdadera causa. La comprensión y el reconocimiento de nuestra auténtica naturaleza; esa es la única cura para todo».

Mooji

«La infelicidad, el descontento y la pena que experimentamos a lo largo de nuestra existencia están causados únicamente por nuestra ignorancia o nuestra noción confusa de lo que somos y de cómo somos de verdad. Por tanto, si queremos liberarnos de toda forma de aflicción y de desdicha, debemos desprendernos de la ignorancia y de la confusión respecto a lo que somos realmente».

Michael James, de La felicidad y el arte de ser

Para valorar cómo te va la vida, el mejor baremo es tu grado de felicidad. ¿Hasta qué punto eres feliz? ¿Eres auténticamente feliz todo el tiempo? ¿Vives con un trasfondo de felicidad constante? Deberías ser feliz en todo momento. La felicidad eres tú. Esa es tu auténtica naturaleza. Lo que eres de verdad.

«Todos buscamos exactamente lo mismo en este mundo. Todos los seres, incluso los animales, buscamos lo mismo. Y lo que buscamos es la dicha sin tribulación alguna. Una felicidad continua que no venga a empañar ninguna pena».

Lester Levenson, de Will Power *(audio)*

Cada cosa que hacemos, cada decisión que tomamos, se debe a que pensamos que así seremos más felices. No es coincidencia que todos persigamos la felicidad. Al buscarla, nos estamos buscando a nosotros mismos sin saberlo, en realidad.

No es posible hallar una felicidad duradera mediante las cosas materiales. Todo objeto material aparece y, pasado un tiempo, desaparece. De modo que, si vinculas tu dicha a una cosa material, tu felicidad desaparecerá cuando desaparezca esa cosa. Las cosas materiales no tienen nada de malo (son maravillosas y tú mereces tener todo lo que quieras en la vida), pero comprender que nunca hallarás en ellas la felicidad duradera es un gran paso adelante. Si las cosas materiales nos trajeran la felicidad, seríamos felices de por vida al obtener lo que ansiamos. Pero no es así. Al contrario, experimentamos una dicha pasajera y, al cabo de un tiempo, volvemos al punto de partida y empezamos a anhelar más cosas en un esfuerzo por volver a sentirnos dichosos.

Solo hay un modo de hallar una dicha duradera y permanente: descubrir lo que eres de verdad. Porque la felicidad ES tu auténtica naturaleza.

«El mundo es tan desdichado porque ignora su verdadero Ser. La auténtica naturaleza del ser humano es la felicidad. La dicha está inscrita en el verdadero Ser. La búsqueda humana de la felicidad es una búsqueda inconsciente de su verdadero Yo… Cuando una persona lo encuentra, halla también una dicha que no tiene fin».
Ramana Maharshi

«El único propósito auténtico de hallarse en esta tierra es aprender o rememorar nuestro estado natural primigenio, sin límite alguno».
Lester Levenson, de Will Power *(audio)*

«El descubrimiento de nuestro verdadero Ser tiene el poder de transformar la oscuridad de la ignorancia en la luz de la comprensión pura. Es el hallazgo más profundo, trascendente y radical. Es un árbol que da fruto de inmediato. Cuando comprendemos quiénes somos —cómo experimentamos y percibimos el mundo—, muchísimas cosas se enderezan y cobran sentido. Si lo que buscas es la verdad, no hay muchas cosas que aprender. No se necesita un gran caudal de conocimientos. Lo que hace falta es tomar conciencia de lo que eres, de tu auténtico Yo».
Mooji

En el transcurso de los siglos, se ha llamado de muchas formas al hecho de recordar quién es uno de verdad: lucidez, autorrealización, autodescubrimiento, iluminación, despertar, rememoración… Seguramente piensas que no puedes acceder a la «iluminación» porque eres «una persona normal y corriente». Nada más lejos de la realidad. Este descubrimiento —esta libertad, esta dicha— es lo que tú eres, así que ¿cómo no va a ser para ti?

«Ábrete a la posibilidad de experimentar la verdad de lo que eres, en este mismo instante. ¿Cómo?, te preguntarás. Dándote cuenta de que lo único que te lo impide es tu imaginación: tu oposición imaginaria».
Mi maestra

«Somos libres y no lo sabemos. Nos parece que está lejísimos de ser posible que lo seamos. Juraríamos que estamos a merced de que las cosas salgan bien o salgan mal. Y, sin embargo —he aquí la verdad—, la libertad está justo aquí».
Jan Frazier, de The Freedom of Being

«La autorrealización es posible para quien no tenga ninguna formación, igual que lo es para un rey. No hay ningún requisito previo para conseguirla. La autorrealización no es solo para quienes se han sometido durante años a una práctica espiritual rigurosa; alguien que se haya pasado la vida fumando y bebiendo también puede conseguirla».
David Bingham, en Conscious TV

¿Cómo será tu Vida?

«Hablo de algo que casi nadie ha experimentado aún. ¿Cómo podría describirlo? Ningún límite, en absoluto, para nada y en ninguna dirección. La capacidad de hacer cualquier cosa con solo pensar en ello. Y, sin embargo, es más que eso. Imagina la mayor alegría que puedas tener y multiplícala por cien».

Lester Levenson, de No Attachments, No Aversions

Cuando comprendas del todo quién eres, tendrás una vida exenta de problemas: sin enojo, sin dolor, sin temores ni preocupaciones. Te liberarás del miedo a la muerte y tu mente no volverá a controlarte o atormentarte. Las ideas y creencias falsas se disolverán y en su lugar habrá claridad, felicidad, gozo, paz, alegría y asombro infinitos. Cada instante será un deleite. Sabrás que estás a salvo, pase lo que pase.

«Y cuando nos damos cuenta de esto [...], se instala permanentemente, y para siempre, la felicidad absoluta. Y, al afianzarse esa felicidad, llegan la inmortalidad, lo ilimitado, la paz imperturbable, la libertad total, y el resto de las cosas que anhelamos».

Lester Levenson, de Happiness Is Free, *vol. 1-5*

Al comprender plenamente quién eres, vivir se vuelve sencillo; todo lo que necesitas parece ocurrir sin ningún esfuerzo por tu parte. Tu vida comienza a fluir fácilmente. Las carencias y restricciones desaparecen de una vez por todas. Empiezas a comprender que tienes poder absoluto sobre todas las cosas.

Al comprender plenamente quién eres, el sufrimiento y la lucha desaparecen, y el miedo y las emociones negativas se disuelven. La mente se apacigua. Te embargan la alegría, el optimismo, la satisfacción, el sentimiento de abundancia y una paz imperturbable. Esa será tu vida.

Citando a Jan Frazier, madre y maestra literaria:

«Imagina que aquello que te agobia deja de agobiarte de golpe. Puede seguir ahí, como un hecho de tu existencia, pero ya no tiene masa ni gravedad. Todo lo que te angustiaba es ya únicamente un rasgo del paisaje, como un árbol o una nube que pasa. Cualquier asomo de desasosiego emocional o mental ha cesado: el lastre que, de una forma u otra, has acarreado desde que tienes uso de razón. Algo que te era tan familiar como tu mejor amigo, tan intrínseco como tu lengua materna o el color de tu piel, desaparece por completo, inexplicablemente. Una alegría serena inunda ese vacío sorprendente y te mantiene a flote mañana, tarde y noche, te acompaña a todas partes, en toda circunstancia, incluso cuando duermes. Todo lo que emprendes sucede sin esfuerzo. Eres feliz, sin ningún motivo concreto. Nada te perturba. No sientes estrés. Cuando surge una dificultad, sabes qué hacer, lo haces y sigues adelante. La gente que antes te sacaba de quicio ya no te exaspera. Aunque te compadeces del sufrimiento de los otros, no sufres. Las actividades que antes te aburrían, ahora te divierten. No necesitas terapia; no te aburres, no sientes ansiedad ni mal humor. Salvo cuando es necesaria para una tarea, tu mente está en reposo. Tu vida se ha colmado por completo sin que hayas tenido que hacer nada para colmarla [...]. Sabes que, surja la dificultad que surja, la paz te acompañará el resto de tus días. Nunca más sentirás miedo, desaliento, soledad. Pase lo que pase, esa alegría sin motivo aparente perdurará. Imagínatelo».

Jan Frazier, de When Fear Falls Away

Esta será tu vida con *El Secreto Más Grande*. Este es tu destino.

CAPÍTULO 1 *Resumen*

- *Lo sepamos o no, llevamos toda la vida buscando sin cesar El Secreto Más Grande, día tras día.*

- *Este gran secreto está a plena vista, ante nuestros ojos, y sin embargo no lo vemos.*

- *Llevamos miles de años ignorando la verdad porque nos dejamos distraer por nuestros problemas, por nuestras tribulaciones cotidianas, por los vaivenes y vicisitudes de este mundo.*

- *A lo largo de nuestra existencia, asimilamos ideas y creencias falsas que nos mantienen esclavizados.*

- *Todo nuestro sufrimiento se debe a que hemos confundido nuestra identidad.*

- *La humanidad sufre por culpa de la incomprensión de su auténtica naturaleza.*

- *Estás teniendo la experiencia de ser una persona, pero en un plano más universal no es eso lo que eres.*

- *Deberías ser feliz todo el tiempo. La felicidad es tu verdadera naturaleza.*

- *Al descubrimiento de quién eres de verdad se lo denomina de muchas formas: iluminación, autorrealización, autodescubrimiento, despertar, rememoración…*

- *Ábrete a la posibilidad de experimentar la verdad de lo que eres, en este mismo instante.*

- *Al comprender plenamente quién eres, tu vida transcurrirá sin problemas, disgustos, dolor, miedo y preocupaciones, y te colmarás de alegría, positividad, satisfacción, paz y abundancia.*

EL SECRETO MÁS GRANDE: REVELADO

«Tan cerca que no puedes verlo.

Tan sutil que tu mente no lo capta.

Tan simple que no te lo crees.

Tan bueno que no puedes aceptarlo».

Loch Kelly, de Salto a la libertad *acerca de la tradición budista tibetana del Shangpa Kagyu*

¿Por qué tan pocas personas han descubierto esta verdad? ¿Por qué la mayoría de nosotros desconoce lo que es de verdad? ¿Cómo es posible que miles de millones de personas ignoren algo de tan vital importancia para nuestra felicidad?

Si no hemos descubierto El Secreto Más Grande, se debe a un pequeño obstáculo: ¡a una creencia! Una convicción que nos ha impedido hacer el mayor hallazgo de todos. La creencia de que somos nuestro cuerpo y nuestra mente.

No Eres Tu Cuerpo

«Vinimos al mundo para ser un cuerpo a fin de aprender que no somos un cuerpo».

Lester Levenson, de Happiness Is Free, *vol. 1-5*

Igual que usas un coche para trasladarte de un sitio a otro, tu cuerpo es un vehículo del que te sirves para moverte y experimentar el mundo.

«Si tienes un coche, no dices que eres el coche. ¿Por qué, entonces, por tener cuerpo, dices que eres ese cuerpo?».
Lester Levenson, de Happiness Is Free, *vol. 1-5*

Tu cuerpo es materia, pero no tiene conciencia. No sabe que es un cuerpo; en cambio, «tú» sí lo sabes. Tus dedos de los pies no saben que lo son; tu muñeca no sabe que es una muñeca; tu cabeza no sabe que es una cabeza, y tu cerebro ignora que es un cerebro. «Tú», en cambio, conoces todas las partes de tu cuerpo. ¿Cómo puedes ser el cuerpo cuando conoces todas las partes que lo componen y en cambio ninguna de ellas sabe nada de ti?

Preguntas exploratorias como estas permitieron a los grandes seres del pasado desentrañar el misterio que se oculta detrás de nuestra verdadera naturaleza.

«La peor costumbre que hemos adquirido a lo largo de los milenios es creer que somos este cuerpo».
Lester Levenson, de Happiness Is Free, *vol. 1-5*

«Hemos olvidado lo que somos y nos hemos identificado con objetos. Soy este cuerpo; por tanto, voy a morir».
Francis Lucille

«Te da miedo que, si el cuerpo no está, tú tampoco estés».
Lester Levenson

Creer que eres solo tu cuerpo genera el mayor miedo de la humanidad: el miedo a la muerte. Temes que, cuando tu cuerpo fenezca, dejes de existir. Es como un nubarrón que pende constantemente sobre tu vida.

«Si ansías la inmortalidad, deja de aferrarte al cuerpo».

Lester Levenson, de Happiness Is Free, *vol. 1-5*

Es una buena noticia que tú no seas tu cuerpo, porque tu cuerpo llegará a su fin algún día, como les sucede a todas las cosas materiales. El mundo se compone en su totalidad de cosas materiales, y ninguna de ellas perdurará; tampoco tu cuerpo, que aparece y desaparece mediante un proceso de nacimiento y muerte. ¡Lo que eres *de verdad* no muere nunca!

«Lo que eres de verdad no puede morir. El cuerpo muere, pero el cuerpo no es lo que eres».

Mooji

«Tenemos libre albedrío para identificarnos con el cuerpo o identificarnos con lo que somos verdaderamente. El cuerpo equivale a dolor y lo que eres de verdad equivale a gozo infinito».

Lester Levenson, de Happiness Is Free, *vol. 1-5*

Para dejar atrás todas las dificultades, empieza por desprenderte de la creencia de que eres tu cuerpo.

No Eres tu Mente

La voz de tu cabeza no eres tú, pese a que seguramente llevas casi toda la vida creyendo que es así. Aunque suene como si fueras tú, aunque parezca que sabe muchas cosas de ti y se haya hecho tan íntima, *no* eres tú, indudablemente. Esa voz que suena en tu cabeza es tu mente, y tú no eres tu mente.

«La mente es una panoplia de pensamientos que aparecen y desaparecen constantemente».
Peter Lawry

«Si no hay pensamientos, no hay mente. La mente solo es pensamiento».
Lester Levenson, de Happiness Is Free, *vol. 1-5*

Haz la comprobación. ¿Dónde está tu mente cuando no hay pensamiento? No está.

«Dentro no hay nada más que sentimientos e ideas, recuerdos y sensaciones, pero ¿acaso eres tú una idea? ¿Un sentimiento?».
Rupert Spira, de una charla pública

Si fueras un pensamiento —un pensamiento frustrado, digamos—, te esfumarías cuando ese pensamiento desapareciera. No eres una idea, ni una sensación, ni un sentimiento, porque, cuando esas cosas terminan, tú también terminarías, y sin embargo sigues aquí cuando desaparecen. Estás aquí antes de formular un pensamiento, antes de que se dé un sentimiento o una sensación, y permaneces intacto cuando desaparecen. Si te detienes a observar este hecho, resulta bastante obvio. Tenemos ideas, sentimientos y sensaciones, desde luego, pero no somos esas cosas.

En ciertos sentidos, es fácil de entender que nos cueste cobrar conciencia de lo que somos de verdad, porque el cuerpo y la mente forman una amalgama muy convincente. La mente vierte un chorro constante de pensamientos que en su mayoría incluyen el pronombre yo, como si fuéramos nuestra mente. Y puede que te sorprenda descubrir que todas nuestras sensaciones físicas proceden también de la mente, lo que refuerza nuestra convicción de que somos nuestro cuerpo.

«Cómo te ven los demás contribuye a la noción que tienes de ti mismo. Cuando ocurren cosas, parecen ocurrirte a ti, o parece que tú las propicias […]. Te importa lo que ocurre por cómo te afecta. Te "conservas" mediante el deseo de mantenerte a salvo y una actitud positiva. Pareces real, desde luego».

Jan Frazier, de The Great Sweetening: Life After Thought

No es que no tengas cuerpo y mente; solo que no son tu verdadero yo. Igual que tu coche, son simples instrumentos bien afinados de los que te sirves para experimentar el mundo material.

«Identificarte con el cuerpo y la mente es lo que te impide ver lo que eres realmente. Esa confusión de identidad oculta como un velo tu auténtico Ser».

Mooji

¿De Veras Eres la Persona que Crees que Eres?

«Teniendo en cuenta todo el esfuerzo que se dedica a apuntalar el ego —el énfasis en la autoestima, la reputación, los logros, el aspecto físico, los bienes materiales—, es un milagro que a veces se dé el despertar».

Jan Frazier, de The Freedom of Being

El ego, el yo imaginado, el yo aparente, el yo separado, el yo psicológico son algunos de los nombres que han dado sabios y maestros a esa identidad errónea. Todos estos términos remiten a un cuerpo y una mente que, juntos, forman lo que llamamos una persona. Cuando nos referimos a nosotros mismos, solemos aludir a la persona que creemos ser.

«La persona es lo que experimentas, no lo que eres».
Mooji

«La persona no existe, no hay tal cosa. Si dices "soy una persona", tienes que decir cuál: érase una vez un bebé, un adolescente, un niño... Y ese devenir llegará pronto a su fin».
Dr. Deepak Chopra™

Tu personalidad cambia constantemente, de modo que, si eres tu personalidad, ¿qué persona eres? ¿La colérica, la cariñosa, la frustrada, la irritada o la bondadosa? Seguramente piensas que eres todas ellas, pero no puede ser así porque, si lo fuera, la persona colérica nunca desaparecería; estaría siempre presente. O, si fueras esa persona frustrada, cuando esta desapareciera, una parte de ti desaparecería también. Y eso no pasa, ¿verdad? Estás aquí antes de que aparezca la persona enfadada y sigues aquí cuando se esfuma. Está claro que no eres tu personalidad, ni tu ánimo cambiante.

«La personalidad es una herramienta útil, pero no puede definir lo que eres. Lo que eres está muy lejos de lo que crees ser».
Jac O'Keeffe

«El mayor obstáculo para descubrir la verdad de lo que somos esencialmente es la creencia en que soy un cúmulo de pensamientos, recuerdos, emociones y sensaciones. Juntas, todas esas cosas forman una entidad o un yo ilusorios. La convicción de que soy esa entidad es el único escollo. Todos nuestros problemas psicológicos se deben a ese yo imaginario. Confundirnos con él, a eso se reduce todo».
Rupert Spira, de una charla pública

«La persona solo parece existir debido a la creencia tenaz e incuestionada de que de verdad hay una "persona" real aquí. Pero la persona —o el ego— no puede existir sin la creencia en ella. Solo es imaginación. En realidad, no hay persona, en absoluto. El único morador de la casa del cuerpo es el Yo puro, que es lo que eres. El resto es todo inventado. No hay dos inquilinos en este cuerpo; siempre ha habido solo uno. La creencia en el ego nos brinda una sensación de realidad, pero no es un hecho fehaciente, sino una ilusión».

Mooji

¿Qué problema hay en creer que somos un ego o una persona?

Que nos sentimos pequeños y extremadamente vulnerables. Que tememos que nos pasen cosas malas. Que tenemos miedo a la enfermedad, a la vejez, a la muerte. Nos asusta perder las cosas que tenemos y no conseguir las que deseamos. Vivimos en un estado de carencia, creyendo que «no hay suficiente»: suficiente dinero, suficiente tiempo, energía, amor, salud o bienestar. Suficiente vida. Y, lo que es peor aún, nos convencemos de que nosotros tampoco *somos* suficiente, de que no damos la talla. Nada de eso es cierto —de hecho, sucede todo lo contrario—, pero no podemos disfrutar de una felicidad auténtica y duradera mientras sigamos aferrándonos a la creencia de que somos solamente, cada uno de nosotros, una persona.

«La tragedia y la comedia de la condición humana es que pasamos gran parte de nuestra vida pensando, sintiendo, actuando, percibiendo y relacionándonos en nombre de un yo ilusorio».

Rupert Spira, de Las cenizas del amor

«Tu ego no eres tú, pero arma tanto alboroto que no te deja oír lo que eres de verdad. Darle alas, alimentarlo y regarlo es una locura».

Jan Frazier, de Opening the Door

«Creo que todos estamos intoxicados por lo personal. Nos tomamos la vida demasiado personalmente, la percibimos demasiado personalmente, nos tomamos las cosas como algo demasiado personal. Ir por la vida en "modo personal" es una forma de ceguera. No ves las cosas bajo su luz correcta».

Mooji

No hay duda de que estás *experimentando* un cuerpo y una mente, y teniendo la *experiencia* de ser una persona, pero de hecho esas son las partes de ti más insignificantes y, en última instancia, no son lo que eres, porque, cuando terminan, tú no te acabas.

«No hay gente dentro de la gente».

Shakti Caterina Maggi

Pero está tu yo *verdadero*.

«¿Por qué es tan difícil ver a través del ego, desprenderse de él, dejar de creer en la solidez de ese pequeñajo? ¿Por qué nos aferramos a ese yo aparentemente real cuando por debajo, en derredor, por encima y fluyendo a través de él existe esa otra realidad maravillosa que es de verdad auténtica y con la que podemos contar para que nos sustente y nos brinde una serenidad perfecta? ¿Por qué nos privamos de esto y optamos por algo en comparación tan nimio, por una cosa que nos causa tantos enojos, tanto dolor?».

Jan Frazier, de Opening the Door

Grandes Farsantes

Tus ideas, sentimientos, sensaciones y creencias cooperan sin cesar para convencerte de que eres una persona. Somos todos grandes farsantes. Fingimos que somos muy pequeños. Fingimos que somos muy limitados. Fingimos que somos personas insignificantes y limitadas que nacen, viven un tiempo y llegan a su fin. Pero ¡nada más lejos de la verdad!

«Estamos obsesionados con un personaje imaginario que no existe».
Shakti Caterina Maggi

Podríamos decir que ese personaje imaginario es exactamente igual que el personaje de una película. Sabemos que el actor que interpreta el papel existe, pero ¿lo sabe el personaje? No, porque el personaje de la película es imaginario.

Con cada pensamiento, afianzas tu convicción de ser una persona. Si te paras a observar tus pensamientos, te darás cuenta de que en el centro de todos ellos hay un «yo». Esos pensamientos que giran en torno al «yo» que crees ser sirven para reafirmar una y otra vez la creencia de que eres una persona insignificante y limitada.

Cuando crees que la voz de tu cabeza eres de verdad tú, crees automáticamente todo lo que dice esa voz; crees todos los pensamientos que genera tu mente.

Pensamientos como:
«Me estoy haciendo mayor».
«No puedo con este cansancio».
«No doy la talla».
«No puedo hacerlo».
«No tengo tiempo».
«Mi salud ya no es lo que era».
«No tengo dinero suficiente».
«Mi inteligencia no da para más».
«Me está fallando la vista».
«Creo que nadie me quiere».
«No le caigo bien».
«No me lo merezco».
«Me da miedo morir».
«No sé qué hacer».

Todas estas ideas son restricciones que te impone tu mente. Tu verdadero yo es *ilimitado*. Lo que significa que nada, absolutamente nada, tiene poder sobre ti.

Mi maestra dice que, mediante pensamientos limitadores como los que he enunciado, nos acostumbramos a empequeñecernos, a ser personas insignificantes y limitadas, y que, si abandonáramos esa práctica, veríamos la verdad; es decir, cómo somos realmente.

Todo lo que define a la «persona» es contrario a lo que eres de verdad. La persona es imperfecta. Tu verdadero ser es perfecto. La persona es temporal y limitada. Tu verdadero ser es permanente e ilimitado. La persona nace y muere. Tu verdadero ser no nace ni muere. La persona es personal e inestable. Tu verdadero ser es impersonal e inmutable. La persona tiene estados de ánimo cambiantes. Tu verdadero ser es felicidad y paz constantes. La persona está llena de prejuicios y opiniones. Tu verdadero ser todo lo comprende y acepta. La persona contrae enfermedades y envejece. Tu verdadero ser no enferma ni se hace viejo. La persona sufre. Tu verdadero ser está libre de dolor y sufrimiento. La persona muere. Tu verdadero ser perdura eternamente.

Cambiar Infelicidad por Verdad

Solo hay un modo de tener una vida dichosa y una felicidad duradera, y es conocer tu auténtica naturaleza. Solo hay una forma de liberarse de una vida repleta de problemas, negatividad y discordia, y es conocer lo que eres de verdad.

«El verdadero yo es infinitamente grande y glorioso, completo y perfecto, y se halla en un estado de paz absoluta, y tú estás cerrando los ojos a esa verdad al asumir que eres un ego limitado. Quítate la venda de los ojos, deshazte del ego y vive por siempre en paz y gozo perfectos. Cuando te encuentres a ti mismo, lo tendrás todo».

Lester Levenson, de Happiness Is Free, vol. 1-5

«La vida no consiste en resolver un montón de problemillas, porque esos problemillas nunca se acaban. La propia vida nos indica la única cosa esencial, que hemos pasado por alto: nuestro ser auténtico e inmutable. La humanidad en su conjunto vive instalada en la *idea* equivocada de que somos fundamentalmente individuos con un cuerpo, lo que se opone a nuestro verdadero Ser».

Mooji

«Puede que el "relato" de nuestra vida esté marcado por la tragedia, pero en realidad no nos acontece tragedia alguna. Esa es, en definitiva, la moraleja del cuento. En el instante en que aprendemos la lección, incluso el relato cambia para revelarse como belleza, inteligencia y amor. No te aferres a la noción de que el sufrimiento es inevitable. Mientras sigamos profesando esa idea, habrá sufrimiento».

Francis Lucille

«En la parábola bíblica, el hombre que se identifica con el cuerpo y la mente es el que construye su casa sobre arena. Comprender la verdadera naturaleza de tu ser es edificar tu casa sobre roca».

David Bingham

No hay ninguna búsqueda que sirva para hallar la verdad, porque la verdad ya está en ti: eres tú. ¿Cómo vas a buscarte a ti mismo? Lo que sucede es que la mayoría de la gente se pasa la vida apartando la vista de su verdadero ser, en vez de mirarlo de frente.

¿Alguna vez has visto una de esas ilustraciones que contienen dos imágenes distintas, según las mires? Cuando miras el dibujo por primera vez, ves claramente una imagen, pero no la otra. Lo intentas, pero se te escapa, debido a que tienes la vista centrada en la primera imagen.

Para que la otra se revele, tienes que cambiar de perspectiva y relajar *ligera-mente* la mirada.

En la famosa imagen de Rubin, al principio ves el perfil de dos personas cara a cara, o bien una copa. Para ver claramente las dos cosas, tienes que cambiar tu forma de mirar la imagen.

Durante casi toda nuestra vida, nos hemos visto desde una sola perspectiva: como cuerpo y mente; es decir, como personas individuales. Pero para ver claramente quiénes somos, como sucede con la copa de Rubin, debemos cambiar ligeramente de perspectiva.

La Revelación

Deja que te haga una pregunta muy sencilla.

¿Eres consciente?

Tu respuesta debe ser «sí», porque de lo contrario no tendrías noción de la pregunta que acabo de hacerte. Permíteme que vuelva a preguntártelo.

¿Eres consciente?

Sí, lo eres. Eras consciente siendo un bebé, y durante tu infancia, tu adolescencia y tu vida adulta. Has sido consciente toda tu vida.

La conciencia ha sido y es la única constante de tu vida. Tu cuerpo cambia sin cesar; tu mente, también. Tus pensamientos, emociones y sensaciones varían continuamente. Lo único que permanece inmutable es tu Conciencia de todo ello.

Y esa Conciencia *es lo que eres realmente*.

Eres Conciencia.

«Eso eres. Está tan cerca de ti que no puedes verlo. Miras el mundo que te rodea a través de sus ojos».
Jan Frazier, de The Freedom of Being

«Nos han enseñado a creer que, cuando decimos "yo", nos estamos refiriendo al cuerpo, cuando en realidad "yo" equivale a Conciencia».
David Bingham

No eres un cuerpo, una mente ni un cúmulo de pensamientos, recuerdos, sentimientos y sensaciones. Eres el que es *consciente* de ese cuerpo, esa mente, esas ideas, sentimientos, sensaciones y recuerdos. Eres la Conciencia misma.

«En el instante en que encuentras la Conciencia, algo dentro de ti la reconoce».
Mooji

Eres consciente de que estás leyendo este libro. Eres consciente de los sonidos que te rodean. Eres consciente de la habitación en la que te encuentras. Eres consciente de tu nombre. Eres consciente de tu cuerpo y de la ropa que llevas puesta; de tu respiración y tus sensaciones físicas. Eres consciente de tu paladar, de las plantas de tus pies y de tus dedos. Eres consciente de tu mente, de los pensamientos que cruzan tu cabeza, de tus sentimientos y tus estados anímicos.

De hecho, sin Conciencia no podrías conocer ni experimentar la vida en ninguna de sus manifestaciones.

Eres la Conciencia que Es Consciente de Todo

La Conciencia es lo que es consciente de cada experiencia vital que tienes. No son la mente ni el cuerpo los que son conscientes de la vida. Tú —la Conciencia que eres— eres consciente de la mente, de los pensamientos y del cuerpo, y aquello de lo que eres consciente no puedes ser tú.

El maestro Sailor Bob Adamson señala que sabemos que existimos; de eso no tenemos ninguna duda. Pero la única forma de saber que existimos es nuestra conciencia de que existimos. Cometemos el error de creer que nuestra conciencia de que existimos surge de la mente o del cuerpo, pero no es verdad. La conciencia de que existimos es lo que somos verdaderamente; no la mente ni el cuerpo.

Imagínate por un momento que no tienes cuerpo ni mente.

Despréndete de tu cuerpo.

Despréndete de tu mente.

Despréndete de tu nombre.

Despréndete de la historia de tu vida; es decir, de todo tu pasado.

Despréndete de todos tus recuerdos, creencias y pensamientos.

Y fíjate en lo que queda.

Lo que queda es simplemente Conciencia.

«Si alguien nos hiciera reparar en el papel blanco en el que están escritas estas palabras, de pronto cobraríamos conciencia de él. De hecho, siempre hemos sido conscientes del papel, pero no nos dábamos cuenta debido a que teníamos la atención fija en las palabras. La Conciencia es como ese papel blanco».

Rupert Spira, de Ser consciente de ser consciente: la vía directa

La Conciencia, igual que el papel blanco, está siempre presente como fondo de nuestras vidas. Normalmente, solo prestamos atención a la mente y sus pensamientos y al cuerpo y sus sensaciones, porque exigen mucha atención. Pero no podríamos percibir la mente y sus pensamientos ni el cuerpo y sus sensaciones si la Conciencia no fuera consciente de ellos, igual que no podríamos ver las palabras si no fuera porque están impresas sobre el papel que les sirve de fondo.

«Centra tu atención en ese fondo, aunque sea solo un poco, y descubrirás todo un nuevo mundo».

Hale Dwoskin

«La Conciencia es el elemento más evidente de la experiencia y sin embargo el más ignorado».

Rupert Spira, de Ser consciente de ser consciente: la vía directa

«El matiz que se pasa por alto es que la conciencia es lo que nos permite conocerlo todo directamente, pero se da por sentado que todo nos llega a través de la mente. Por ejemplo, lo normal es decir "pienso", pero en realidad, si prestamos atención, nos damos cuenta de que lo que sucede es que tenemos conciencia de estar pensando. De modo que el pensamiento no es lo que eres; hay algo que es consciente de ese pensar».

David Bingham, de Conscious TV

¡La que mira a través de tus ojos es la Conciencia! ¡La que oye con tus oídos es la Conciencia! Sin Conciencia, no serías consciente de nada de lo que ves, oyes, saboreas, hueles o tocas, ni podrías percibir la información que te llega a través de los sentidos. Tus sentidos no son conscientes; es la Conciencia la que es consciente de tus sentidos.

«El aparato con el que vemos es, por sí solo, inerte, incapaz de ver. Un telescopio no sirve de nada si no hay un astrónomo detrás. No ve nada por sí mismo. Igualmente, el aparato de la mente no ve nada por sí solo».

Francis Lucille, de Flores del silencio

«Eres la Conciencia que es consciente de todo».
David Bingham

«Esta consciencia individual —la sensación de ser una persona, un individuo autónomo, una mente o un alma confinada dentro de los límites de un cuerpo— es mera fantasía, una forma falaz y distorsionada de la consciencia más pura del "Soy", pero es, aun así, el origen de todo anhelo y todo dolor».
Michael James, de La felicidad y el arte de ser

«El "yo" que imaginamos ser es solo una idea más».
Kalyani Lawry

«Nuestra verdadera naturaleza, el ser real e infinito que somos, es sencillamente lo que somos, sin la mente».
Lester Levenson, de Happiness Is Free, *vol. 1-5*

Nuestra mente distorsiona la realidad que vemos al velarla con capas y más capas de ideas y creencias, una sobre otra. Cada velo mental distorsiona un poco más el mundo y nos impide verlo como es de verdad.

«La mente nunca descubrirá quién eres porque es el envoltorio de lo que eres. Solo desprendiéndote de la mente descubrirás quién eres».

Lester Levenson, de Happiness Is Free, *vol. 1-5*

Tratar de ver la verdad con la mente es como tratar de ver algo con los ojos vendados. Tienes que quitarte la venda para ver, igual que tienes que desprenderte de la mente para ver lo que eres realmente.

«Intentar comprender la conciencia con la mente es como intentar iluminar el sol con una vela».

Mooji, de Fuego blanco, *segunda edición*

Sin siquiera darnos cuenta, estamos siempre centrados en el ruido que hacen los pensamientos surgidos de nuestra mente. La Conciencia está siempre presente, pero es mucho más fácil percibirla cuando la algarabía del pensamiento se interrumpe un instante. Cuando cesa el pensamiento, se nos revela la Conciencia, que desde el principio reside calladamente en el fondo.

El Envoltorio de la Mente

«Estamos tan acostumbrados a conocernos a través de nuestras tribulaciones, zozobras y obsesiones que nos cuesta asumir como nuestra verdadera identidad la conciencia despierta, que es nuestra verdadera naturaleza y nuestra bondad primigenia».

Loch Kelly, de Salto a la libertad

«Conciencia despierta» es como llama Loch Kelly a la Conciencia, y este es solo uno de los muchos nombres que han empleado los maestros del pasado y del presente para identificar lo que somos: Conciencia, Conciencia despierta, Consciencia, Consciencia cósmica, Ser, Naturaleza de Buda, Consciencia cristiana, Consciencia divina, Espíritu, Yo, Ser infinito, Inteligencia infinita, Ser ilimitado, Yo verdadero, Presencia divina, Presencia, Conciencia presente, Consciencia pura, Conciencia pura, y muchos otros. Todos estos términos significan exactamente lo mismo: la Conciencia que eres.

«Somos tan listos y nuestra vida es tan compleja que cuesta creer que el simple hecho de descubrir la Conciencia despierta pueda ser la solución a nuestros padecimientos. Igual que cuesta creer que el descubrimiento más importante esté ya aquí, entre nosotros; que no haga falta una odisea para encontrarlo, conquistarlo y desarrollarlo».
Loch Kelly, de Salto a la libertad

«Lo más gracioso es que sea todo tan sencillo».
Peter Lawry

Es como una broma inmensa porque lo que somos realmente, aquello que está más cerca de nosotros que nuestro propio aliento, lleva miles de años escapando al entendimiento de la mayoría de los seres humanos.

Hemos pasado por alto el descubrimiento más simple y maravilloso de todos porque nuestras ideas surten un efecto hipnótico que nos mantiene encerrados en nuestras cabezas, ciegos a la Conciencia. Normalmente solo prestamos atención a los pensamientos de nuestra mente y a lo que percibimos a través de nuestros sentidos y, al distraerse nuestra atención, no vemos lo que está siempre presente: la Conciencia.

«Ni el cuerpo ni la mente tienen nada de malo. El problema es que los equiparamos a nuestra consciencia, a nuestra presencia atestiguadora. Mientras sigamos identificando esa presencia atestiguadora con el cuerpo y la mente, no habrá espacio para que se revele en todo su esplendor».

Francis Lucille, de Flores del silencio

«Despójate por un momento de tu personaje. Es solo un ropaje ajado y manchado por años de uso y desgaste».

Pamela Wilson

«Creer que nuestro Ser —nuestra Conciencia luminosa, abierta y vacía— comparte los límites y el destino de la mente y el cuerpo es como creer que la pantalla comparte los límites y el destino del personaje de una película».

Rupert Spira, de Las cenizas del amor

«Las personas creen que son seres humanos, pero son el Ser Infinito. Han confundido su identidad, pero lo que son realmente nunca los ha abandonado y está siempre presente».

David Bingham

Tu mente solo aparece cuando tienes un pensamiento, y desaparece cuando ese pensamiento termina. Pero la Conciencia no aparece ni desaparece. La Conciencia está siempre presente, incluso cuando duermes. *Parece* que cesa cuando te duermes y que vuelve a activarse cuando te despiertas, y sin embargo sabes que has dormido a pierna suelta porque te dices: «He dormido de maravilla, como un bebé». ¿Cómo sabes que has dormido como un bebé? Lo sabes porque la Conciencia estaba consciente y presente mientras dormías.

Cuando te preguntas «¿soy consciente?», adviertes de inmediato la Conciencia. No ha aparecido; ya estaba ahí, presente. Simplemente has apartado tu atención del *pensar* y la has fijado en la *Conciencia*, volviéndote así manifies-tamente consciente.

Todo lo que no es Conciencia acaba o muere con el tiempo. Todas las cosas terrenales, sin excepción, vienen y van, aparecen y desaparecen. Todo lo que hay en la tierra —los cuerpos, las ciudades, los países, los océanos— apa-rece y, con el tiempo, desaparece. Detente un momento a pensarlo y verás que nada perdura. Todo es temporal, hasta el propio planeta Tierra, el Sol, el Sistema Solar, incluso el universo. Nada es para siempre, salvo una cosa: la Conciencia. ¡Tú, Conciencia, estás aquí para siempre!

Nuestros cuerpos envejecen y, sin embargo, cuando nos hacemos mayores, solemos decir que no sentimos que hayamos envejecido; que nos sentimos igual que siempre. Notamos el cuerpo más viejo, sí, pero ese ser que sen-timos en nuestro fuero interno, ese no parece haber envejecido lo más mí-nimo. Sin darnos cuenta, estamos percibiendo la Conciencia intemporal que somos de verdad.

«Cuando recuerdas tu pasado, tu infancia, ¿quién es quien recuerda?
Yo recuerdo. "Yo" es quien conoce la experiencia, quien recuerda la experiencia».
Dr. Deepak Chopra™

El «Yo» por el que nos denominamos cuando tenemos cinco años, quince, treinta o sesenta, es la Conciencia intemporal que ha sido testigo de toda nuestra existencia.

A los cinco años: «Yo… pronto voy a ir al cole».

A los quince años: «Yo… estoy deseando graduarme».

A los treinta años: «Yo… voy a casarme».

A los sesenta años: «Yo… aún no quiero jubilarme».

«Autorrealizarse es comprender que los aspectos cambiantes de la superficie de la vida se dan dentro de la Conciencia permanente e inmutable que uno ha sido y es desde siempre, auténticamente».
David Bingham, de Conscious TV

«No es un cuento de hadas. Es una posibilidad tan real como un árbol, tan real como la política, como las raíces que sujetan el árbol a la tierra, tan real como los periódicos y sus noticias. Es tan real como un equipo de béisbol, como el precio de la gasolina, como una riña con tus cuñados, como el precio de la matrícula de la universidad… De hecho, es más real que todas esas cosas, y sin embargo apenas se ve, apenas se siente, y mucho menos se conoce directamente».
Jan Frazier, de Opening the Door

«No hay ni uno solo de nosotros que no esté en contacto directo y en posesión de ese Ser Infinito que es absolutamente perfecto, presente, gozoso y eterno. ¡No hay nadie que no esté en contacto directo con Eso en este instante! Pero debido a un aprendizaje equivocado, debido a que hemos asumido nociones limitadoras y nos hemos empeñado en mirar hacia fuera, nuestra visión se ha ofuscado. Hemos ocultado ese Ser Infinito que somos envolviéndolo en enunciados como "soy este cuerpo físico" o "soy esta mente", o "con este cuerpo físico y esta mente, tengo un sinfín de problemas y preocupaciones"».

Lester Levenson, de Happiness Is Free, *vol. 1-5*

«Se trata del mismo estado al que casi todas las religiones llaman "liberación" o "salvación", porque únicamente en este estado de verdadero autoconocimiento somos libres y nos sustraemos a la esclavitud que supone el hecho de confundirnos con individuos separados, con una consciencia confinada dentro de los límites de un cuerpo físico».

Michael James, de La felicidad y el arte de ser

En algunas religiones también se conoce a la Consciencia o Conciencia como la presencia de Dios. Cuando una persona tiene una experiencia mística —una vivencia en la que siente que está en contacto con Dios—, la mente individual y el ego se esfuman y dejan que se revele la Conciencia, o la presencia de Dios. Se da un sentimiento de amor puro, de paz infinita, de belleza, felicidad y gozo que solo puede equipararse con la divinidad.

«En realidad, somos el Ser Infinito, más que el ser humano. Somos el Ser Infinito teniendo una experiencia humana».

David Bingham

En muchos sentidos, la verdad de la vida y de nuestro propio ser es, de hecho, lo contrario a lo que nos han enseñado. En lugar de mirar hacia fuera y de buscar en el mundo felicidad, plenitud, respuestas y verdades, tenemos que volver la vista hacia dentro, porque solo así encontraremos lo que andamos buscando. Nuestro bellísimo mundo, con todo lo que contiene, está hecho para que lo disfrutes al máximo, pero la felicidad, el gozo, el amor, la paz, la inteligencia y la libertad que constituyen la Conciencia —tu auténtica naturaleza— solo puedes hallarlos dentro de ti.

CAPÍTULO 2 *Resumen*

- Una sola creencia nos impide hacer el mayor descubrimiento de todos: la creencia de que somos un cuerpo y una mente.

- No eres tu cuerpo; tu cuerpo es un vehículo que utilizas para experimentar la realidad. Tu cuerpo no es consciente.

- Creer que eres tu cuerpo genera el mayor temor de la humanidad: el miedo a la muerte.

- Lo que eres de verdad nunca muere.

- No eres tu mente; la mente solo son pensamientos. Si no hay pensamientos, no hay mente.

- No eres una idea, una sensación o un sentimiento, porque si lo fueras, cuando terminaran, tú terminarías también.

- El cuerpo y la mente juntos forman lo que llamamos «persona»: el yo imaginado.

- La persona es lo que experimentas, no lo que eres.

- Mientras sigamos aferrándonos a la creencia de que somos personas, nunca conoceremos una felicidad auténtica y duradera.

- Estás experimentando un cuerpo, una mente, y teniendo la experiencia de ser una persona, pero no es eso lo que eres.

- *Simulamos ser personas insignificantes y limitadas mediante pensamientos de limitación constantes.*

- *En realidad, eres* ilimitado, *lo que significa que nada, absolutamente nada, tiene poder sobre ti.*

- *Has sido consciente toda tu vida. La Conciencia ha sido y es la única constante de tu existencia.*

- *Esa Conciencia es lo que eres realmente.* Eres Conciencia.

- *Sin Conciencia, no podrías conocer ni experimentar la vida.*

- *No son la mente ni el cuerpo los que son conscientes de la vida. La Conciencia es lo que es consciente de cada experiencia vital que tienes.*

- *Imagina que no tienes cuerpo ni mente, nombre, historia, pasado, memoria, creencias ni ideas. Lo que queda es la Conciencia.*

- *Normalmente solo prestamos atención a nuestras ideas y percepciones, y así pasamos por alto lo que está siempre presente: la Conciencia.*

- *La Conciencia está presente incluso cuando duermes.*

- *Cuando te preguntas «¿soy consciente?», adviertes de inmediato la Conciencia. No ha aparecido; siempre ha estado ahí.*

- *Todo lo que no es Conciencia, acaba o muere con el tiempo.*

- *El «Yo» con el que nos denominamos a lo largo de las edades de la vida es el «Yo» intemporal de la Conciencia, que ha sido testigo de toda nuestra existencia.*

- *En vez de mirar hacia fuera en busca de felicidad, debemos volver la mirada hacia dentro; solo así encontraremos lo que andamos buscando.*

CAPÍTULO 3

CONTINÚA
LA REVELACIÓN

Eres Conciencia; no eres una persona que *es consciente* de algo. Eres la Conciencia Infinita en sí misma.

Como decía Francis Lucille, un telescopio es solamente un instrumento inerte si no hay un astrónomo que mire por él. Tu cuerpo y tu mente también son instrumentos. De modo que ¿qué es lo que mira a través de tus ojos? ¡Tú, la Conciencia! ¿Qué es lo que oye sonidos? ¡Tú, la Conciencia! Tu cuerpo está vivo gracias a la Conciencia. La Conciencia es, de hecho, la energía vital que anima tu cuerpo.

«El error fundamental es creer que el ser humano está experimentando la conciencia. No es así. Solo la conciencia es consciente y, por tanto, solo la conciencia puede experimentar conciencia. Si te pregunto "¿eres consciente?", te detendrás un momento a analizar tu experiencia y contestarás que sí. Esa sí es una constatación de que la conciencia tiene conciencia de sí misma. No es que el cuerpo o el cerebro estén experimentando el ser conscientes. El cuerpo y el cerebro se experimentan; no experimentan nada por sí mismos».
Rupert Spira, de la charla "The Light of Consciousness"

Hay una sola: Nuestro Nombre Es «Yo»

«Solo la conciencia es consciente. Los seres humanos no son conscientes. Los perros y los gatos no son conscientes. Los animales no son conscientes. Solo la conciencia es consciente. Hay una sola conciencia, igual que hay un solo espacio en el universo. Esa conciencia se refleja en la mente de cada uno de nosotros y, como resultado de ello, la mente de cada uno parece tener una conciencia propia, igual que cada edificio parece contener un espacio propio. Pero la conciencia con la que cada mente es consciente de su experiencia es la única conciencia que hay, la conciencia infinita, del mismo modo que el espacio de todos los edificios es uno solo».

Rupert Spira, de la charla "Awareness Is the Only Aware Entity in Existence"

¡La Conciencia Infinita —esta sola y única Conciencia— eres tú y es cada ser humano! Hay una sola Conciencia y es la misma que obra a través de cada uno de nosotros. Somos uno solo. Nuestro nombre es «Yo».

«Hay un único "Yo", y ese "Yo" eres tú, y somos todos».

David Bingham

Es la Conciencia que obra a través de cada ser vivo. Todas la formas físicas son simples vehículos de esa Conciencia Infinita, única y gloriosa. Ese es el auténtico significado de la máxima «Somos uno».

Consciencia y Conciencia son términos distintos que se emplean para nombrar lo mismo. Ambos te definen a ti.

«La consciencia común y corriente —oír estas palabras en este preciso momento y comprenderlas— es también la consciencia divina que alienta en toda vida. No hay ni un solo ente separado en el cosmos».

Francis Lucille, de Truth Love Beauty

«Somos Uno. Solo hay uno en nosotros. Solo hay uno como nosotros».

Mooji, de Fuego blanco, *segunda edición*

Es un poco como esos trillones de células individuales que viven, trabajan y actúan en tu cuerpo. Sin que lo sepa cada una de ellas, en realidad esas células forman parte de un único ser humano. Hay miles de millones de seres en el mundo que actúan como individuos y, sin que lo sepan en su mayoría, son el único Ser Infinito.

«Nos han enseñado a creer que esta consciencia es personal y limitada y que cada individuo está dotado de una consciencia propia y autónoma, de modo que hay infinidad de consciencias. No nos hemos parado a considerar que, aunque sea fácil comprobar que dos objetos están separados, porque sus límites y bordes se ven a simple vista, no es posible hallar el límite o la frontera de la consciencia».

Francis Lucille, de Truth Love Beauty

Si solo hay una Conciencia o Consciencia, ¿por qué no eres consciente de los pensamientos o las sensaciones físicas de los demás? ¿O de lo que está viendo u oyendo un animal en África? Ello se debe a que la Conciencia o Consciencia se canaliza a través de la mente, lo que la ubica en el cuerpo físico. Además, la creencia de que eres un individuo separado y autónomo te impide experimentar la Conciencia en toda su vastedad. Pero, cuando sientes compasión o afecto por otro ser, estás mucho más conectado con la Conciencia de lo que imaginas.

A lo largo de la vida, todos vemos atisbos de la Conciencia que somos, pero casi siempre los achacamos a nuestra imaginación o a un espejismo. Nos acordemos o no, hemos tenido experiencias que no podemos explicar, muy a menudo siendo niños. Puede que hayas sentido que te expandías hasta volverte muy muy grande, o que el mundo estaba dentro de ti o que hayas visto u oído algo que nadie más podía ver u oír.

Los niños están más conectados con la Conciencia porque su mente aún no la han revestido hasta ocultarla por completo con un montón de creencias y conceptos mentales. Hasta la edad de dos años y medio, los niños son pura y simple Conciencia. No tienen la experiencia de estar disociados, de ahí que hablen de sí mismos en tercera persona. Al verse en una fotografía, la pequeña Sara, de dos añitos, señala su imagen y dice: «¡Es Sara!». No dice «soy yo», porque aún no se siente a sí misma como un «yo», es decir, como un individuo separado. Según su experiencia, solo hay Uno y es ella, y son todos los demás.

«No hay nada más que nuestra consciencia. Solo hay una consciencia y nosotros somos ella».
Lester Levenson, de Happiness Is Free, *vol. 1-5*

La Conciencia o Consciencia está dentro de tu cuerpo y también fuera, por todas partes; no puede contenerse dentro del cuerpo físico, porque la Conciencia no tiene forma. Sería como tratar de contener el espacio en un tarro; lógicamente, el espacio está tanto dentro del tarro como fuera, por todas partes. De hecho, el tarro está *en el espacio*, igual que los cuerpos están todos ellos *en la Conciencia*. La Conciencia lo abarca absolutamente todo, y ese es el motivo de que quienes alcanzan la iluminación vivan la experiencia de serlo todo, porque son, de hecho, todo. ¡Y, como Conciencia, tú también eres todo!

«Detrás de tus ojos se halla la misma consciencia, la única consciencia que
había detrás de los ojos de Jesucristo, de Buda, de Krishna y de todos los
demás».

Mi maestra

Piénsalo. Tu Consciencia es la misma Consciencia que la de todos los
grandes seres; así de cerca estás de ellos. No están lejos de ti. Eres *uno*
con ellos.

«El misterio, la magia, es que esta consciencia que damos por descontada
hasta el punto de negar su existencia, es también la consciencia del
universo mismo, su verdadero centro».

Francis Lucille, de Truth Love Beauty

Cómo Permanecer como Conciencia

No hay ningún devenir que te lleve a convertirte en la Conciencia que eres;
no es algo que tengas que lograr, o que algunas personas tengan y otras no.
Ya lo eres, ahora mismo. Puede que lo ignores, y puede que hayas creído
toda la vida que eras solo una persona, pero eso no cambia lo que eres de
verdad.

«Puedes perder todo lo demás, pero la conciencia que eres, eso no lo pierdes
nunca».

Mooji, de Inmenso como el cielo, infinito como el espacio

Cuando un ser humano vive sabiendo que es Conciencia Infinita, la experiencia de habitar en el mundo material se vuelve arrebatadora. Porque la
mente queda relegada y la Conciencia pasa a primer plano, de modo que

ese ser humano ya no está sujeto al tumulto de la mente; se siente alegre y satisfecho en todo momento y se ríe muchísimo. Mora en la felicidad y el deleite puros y desde ese lugar vive cada día. Los problemas prácticamente dejan de existir; todo lo que soñabas viene a ti y, dado que vives plenamente como Conciencia, eres consciente de tu inmortalidad. Sabes que eres todo, y también que nada te afecta. ¡No puede haber mejor vida que esa!

«Cada cosita que haces o ves —cada cosita normal y corriente— lleva en sí el cosquilleo del ser. A veces cuesta no llorar de emoción al ver las cosas más cotidianas. La línea de la pared en relación con el plano del suelo. Su horizontalidad. La textura de la alfombra. El ruido de un coche que pasa. El olor de la piel de tu brazo. Todo es milagroso».

Jan Frazier, de Opening the Door

Pero cada uno tiene que experimentarlo por sí mismo. Oírlo en boca de otra persona sirve de guía, te indica el camino correcto a seguir. Es como si un agente de viajes te describiera el monte Everest. No sabrás cómo es hasta que llegues allí y tengas esa vivencia. Solo entonces lo sabrás.

«En realidad es imposible no permanecer siempre en el vasto espacio de la consciencia. Saber que estás ahí, en cambio, es otro cantar».
Francis Lucille, de Flores del silencio: diálogos en la conciencia

«No se puede estar fuera de la conciencia; lo que ocurre es que no nos damos cuenta, debido a la costumbre de centrar nuestra atención en el pensamiento».
Peter Lawry

Podemos centrar la atención en los pensamientos que bullen en nuestra cabeza o en la Conciencia que somos. Se trata simplemente de desplazar la atención. Fíjala en la Conciencia tan a menudo como puedas en lugar de centrarte en pensar, y emprenderás el camino hacia la libertad y la dicha absolutas.

Practicar la Conciencia: Tres Pasos hacia la Felicidad

La Práctica de Conciencia es el ejercicio que utilizo para permanecer plena y lúcidamente como Conciencia. Este ejercicio no consiste en hacerte Conciencia, porque ya lo eres. Su objetivo es que puedas vivir con plena lucidez como la Conciencia que eres. Son tres pasos muy sencillos para alcanzar una vida de libertad total y felicidad duradera y gozosa.

Paso 1. Pregúntate: «¿Soy consciente?».

Paso 2. Percibe la Conciencia.

Paso 3. Permanece como Conciencia.

Paso 1. Pregúntate: «¿Soy Consciente?»

No trates de contestar a esta pregunta con la mente; el pensamiento no puede ayudarte a experimentar la Conciencia. Cada vez que te hagas la pregunta, apartarás la atención del pensamiento y la mente y la fijarás en la Conciencia. Cuando te preguntas «¿soy consciente?», la Conciencia se hace presente al instante. Es posible que la mente intervenga inmediatamente después con una idea, pero, cuando eso ocurra, vuelve a formularte la pregunta. Cuanto más te la hagas, más tiempo permanecerás como Conciencia, y más se aquietarán tu mente y tus pensamientos.

«Fíjate en que la mente, con todas sus variaciones, tiene un trasfondo inmutable».

Hale Dwoskin

Tras preguntarte si eres consciente, seguramente lo primero que experimentarás será una sensación de alivio, al empezar a diluirse la resistencia que oponen la mente y el cuerpo. Con el tiempo, tras hacerte repetidamente la pregunta, ese alivio se convertirá en una sensación de felicidad sutil y apacible. Puede incluso que experimentes serenidad a medida que tu mente se aquiete. O que sientas que un torrente de alegría inunda tu pecho.

El alivio que experimentas se debe a que tu mente ha pasado a segundo plano. Cuanto más tiempo permanezca aquí, con la Conciencia en primer plano, mayores serán el alivio y la dicha.

La felicidad aparece cuando la Conciencia ocupa permanentemente el primer plano y la mente queda relegada al lugar que le corresponde.

Recuerda que la Conciencia no tiene forma, de modo que no es algo a lo que puedas aferrarte. Es como el amor. Sabes que existe, pero ¿acaso puedes agarrarlo? Puedes experimentar sensaciones amorosas, pero no puedes asirlas. Lo mismo pasa con la Conciencia. Puedes sentir físicamente el alivio y la felicidad que se derivan de la Conciencia, pero no puedes atraparlos ni aferrarte a ellos.

Quizá al principio parezca difícil permanecer plenamente como Conciencia, debido al hábito de pensar.

«En cuanto se repara en esto, podemos volver a preguntarnos "¿soy consciente?", invitando así a la mente a alejarse de la experiencia y de los objetos de conocimiento, para avanzar hacia su fuente o esencia».
Rupert Spira, de Ser consciente de ser consciente: la vía directa

Para romper con el hábito de pensar constantemente, debes permanecer en la Conciencia Infinita que eres. No se puede usar la mente para detener la mente ni para romper con el hábito de pensar. Por eso tanta gente es incapaz de meditar: porque trata de servirse de la mente para aquietar la mente, en vez de permitir que los pensamientos vayan y vengan sin prestarles atención.

A la mayoría de nosotros, la mente apenas nos da un respiro, porque arroja continuamente una idea tras otra, y no nos damos cuenta de que podemos apartar la atención del pensamiento. Liberarse de la mente es un alivio maravilloso que se da cuando puedes observar tus pensamientos, en lugar de dejarte arrastrar por ellos y creerlos.

Paso 2. Percibe la Conciencia

Cuando lleves relativamente poco tiempo practicando el paso 1, llegará un momento en que percibirás la Conciencia de manera automática. Ya no necesitarás preguntarte si eres consciente, porque, en el momento en que pienses en ella, la Conciencia pasará de inmediato al primer plano y tu mente quedará en segundo término.

«Deja que el hecho de ser consciente ocupe el primer plano de la experiencia, y que los pensamientos, imágenes, emociones, sensaciones y percepciones se difuminen. Fíjate simplemente en la experiencia de ser consciente. Ahí es donde residen la paz y la felicidad que todo el mundo anhela».

Rupert Spira, de Ser consciente de ser consciente: la vía directa

Desplaza tu atención a la Conciencia centrándote en ella numerosas veces a lo largo del día. No tardarás en experimentar una sensación exquisita de alivio y felicidad cada vez que te alejes del tumulto de la mente para sumergirte en la profunda paz de la Conciencia.

«Cada instante entraña una encrucijada. Ser lo que eres o lo que no eres. Estás eligiendo, cada segundo».

Mi maestra

Si sientes que tu mente tapa la Conciencia o que la has perdido y no puedes recuperarla, pregúntate «¿cómo noto que he perdido la Conciencia?». ¡Es la Conciencia misma la que lo nota! Y así volverás a percibirla.

Si crees que aún no has sido capaz de descubrir la Conciencia, pregúntate «¿qué es lo que nota que no he descubierto la Conciencia?». ¡Es la propia Conciencia la que lo nota! Y así, de pronto, se te hace presente la Conciencia.

«Ya eres la conciencia misma, no quien intenta ser consciente».
Mooji

¿Percibes conscientemente tu cuerpo en este instante? Es la Conciencia la que lo percibe. ¿Notas dónde estás sentado? Es la Conciencia la que lo nota. ¿Percibes tu respiración? Es la Conciencia la que la percibe. Es así de sencillo.

«Cada vez que pienses en ello, retorna a la conciencia del ahora. Hazlo cientos de veces al día, porque —tenlo presente— todo tu poder reside en tu conciencia de ese poder».
De El Secreto

Paso 3. Permanece como Conciencia

«Al principio te sientes como si estuvieras de visita en la Conciencia, pero, a medida que vas descubriendo su realidad, se esfuma todo atisbo de miedo o separación».
Mooji

Para mantenerte en la Conciencia, es esencial saber dónde fijas tu atención. Mi maestra lo explica con una imagen muy sencilla. Nuestra mente funciona de manera parecida a la lente de una cámara. Tiene una función de *zoom* automático que centra nuestra atención en cosas de detalle, como haría el *zoom* de una cámara al enfocar un objeto. La mayor parte del tiempo, la mente está enfocada y vemos el mundo a través de esa atención focalizada, lo que nos brinda una perspectiva muy estrecha y distorsionada de la realidad. Pero, cuando quieres fotografiar un paisaje amplio, ensanchas el encuadre abriendo la lente todo lo que puedes para tomar una imagen en gran angular. Del mismo modo, si ensanchas tu atención para no enfocarte en el detalle, se revela la Conciencia. Es una manera muy sencilla de mantenerte en la Conciencia y dejar que todo sea como ha de ser.

Para poner esto en práctica, echa un vistazo a tu alrededor en este mismo instante. Busca algo cercano en lo que fijar la mirada y enfoca tu atención solo en eso. Puede ser tu propia mano, si quieres. Ahora, abre tu atención y ensánchala para que abarque tu entorno todo lo posible, sin enfocarla en nada en concreto. Fíjate en que experimentas una sensación inmediata de alivio y relajación física. Ello se debe a que tu mente está siempre enfocada, y mantener ese foco requiere un gran esfuerzo. De modo que, cuando amplías tu atención para que sea lo más amplia posible, tu mente se difumina en segundo plano y la Conciencia pasa a primer término. Sientes alivio porque la Conciencia *no requiere ningún esfuerzo*; todo lo conoce y lo ve sin necesidad de enfocarlo.

«Esa persona con la que te has confundido y que quiere que pasen cosas tiene cero poder. Y aun así dice: "Tengo que ocuparme de tal o cual cosa". Es la Conciencia la que se ocupa de todo».
Mi maestra

«Cuanto menos creas que eres tú quien hace, más te conviertes en una fuerza imparable para hacer el bien en el mundo».
Hale Dwoskin

Yo antes era una gran hacedora. Me enorgullecía de mi capacidad para hacer cosas, para conjugar múltiples tareas haciendo malabarismos. Se convirtió en mi forma de ser. ¡Era la Reina del Hacer! Y por eso, claro está, el Universo me enviaba un flujo constante de cosas que hacer, porque era lo que creía de mí misma.

Todo eso ha cambiado gracias a que me he ido desprendiendo paulatinamente de lo que creía que era y me he mantenido en la Conciencia de lo que soy. No solo soy más feliz que nunca, sino que, en vez de hacer, hacer y hacer todo el tiempo, las cosas parecen solucionarse de manera natural, sin que yo haga nada. Si acabo haciendo algo, me cuesta tan poco esfuerzo que es casi como si no lo hubiera hecho. ¡La vida se vuelve milagrosa!

Dedica al menos cinco minutos al día a fijar tu atención en la Conciencia. Puede ser al despertar, cuando te acuestes o en cualquier otro momento, cuando te venga bien. Si estás tan decidido como yo a tener una vida milagrosa, centrarás tu atención en la Conciencia muy a menudo, pero incluso cinco minutos al día supondrán un cambio enorme en tu vida. Es así de fácil.

Recuerda que esto no es un ejercicio para convertirte en Conciencia, porque ya eres Conciencia Infinita. El objetivo de esta práctica es que dejes de identificarte con la mente y el cuerpo, que no son lo que eres.

«Al principio parece muy esforzado retornar una y otra vez a esa presencia acogedora, pero en algún momento se vuelve tan natural que lo que parece costar esfuerzo es abandonarla. La sientes como tu hogar».
Francis Lucille, de Flores del silencio

Llegará un momento en que tendrás la certeza de estar en la esfera de la divinidad o —para quienes prefieren el término «Dios»— en presencia de Dios. Estar en presencia de Dios o en la esfera de la divinidad es estar más allá de la mente.

«Cuando te despojas de los ojos del ego, ves con los ojos de Dios».

Mooji

Tras practicar estos pasos durante un tiempo, descubrirás que la Conciencia se vuelve automáticamente más presente y dominante en tu interior, y que tu mente se torna mucho más serena. Otros indicios de que vas por buen camino son: que tu vida se volverá más fácil y menos esforzada; que te sentirás más tranquilo y apacible; las cosas que antes te molestaban dejarán de molestarte; tus emociones serán más estables y descubrirás que no te dejas arrastrar fácilmente por emociones negativas. De hecho, empezarás a experimentar una sensación de dicha que no habías sentido hasta ahora. Serás mucho más consciente de la propensión de tu mente a quejarse, a criticar y a centrarse en lo negativo. Y te darás cuenta de que no le estás concediendo a tu mente poder sobre ti como hacías antes, porque has apartado la atención de tus pensamientos.

«Al saber que somos el Ser perfecto, que no somos esta mente y este cuerpo limitados, todos los problemas se resuelven inmediatamente».

Lester Levenson, de Happiness Is Free, *vol. 1-5*

La Conciencia es más grande de lo que es consciente cada cosa concreta. La persona es limitada; la Conciencia, en cambio, es ilimitada, lo que significa que *todo* es posible. Nada puede coartarte. ¡Nada tiene poder sobre ti!

«Parece que tenemos la experiencia de una consciencia limitada, pero, cuando ahondamos un poco más, vemos que eso es imposible. Que lo que es consciente de las limitaciones trasciende esas limitaciones y, por tanto, está más allá de ellas».

Francis Lucille, de Flores del silencio

¡Nada altera la Conciencia! Ningún problema puede turbarte. La negatividad no puede hacerte mella. Las guerras no pueden afectarte. Tú, como Conciencia, estás siempre a salvo, indemne. Eres intocable, imperecedero, nada puede hacerte daño. ¿Qué podría ponerte en peligro? Tú lo abarcas todo. Lo eres todo. En la medida de tus posibilidades, empieza a permanecer como la Conciencia que eres centrando a menudo tu atención en ella, para que puedas llevar una vida maravillosa.

«Así, ya no te dejas engañar por las limitaciones aparentes del mundo. Las ves como un sueño, como pura apariencia, porque sabes que tu Ser no tiene límites».

Lester Levenson, de Happiness Is Free, *vol. 1-5*

CAPÍTULO 3 *Resumen*

- *Eres* Conciencia; *no eres una persona que está siendo* consciente *de algo.*

- *Un telescopio no es más que un instrumento inerte sin el astrónomo que mira por él, y tu cuerpo y tu mente son instrumentos de la Conciencia.*

- *Solo hay una conciencia, y es la misma conciencia que obra a través de todos.*

- *No eres consciente de lo que piensa o siente físicamente otra persona porque la Conciencia se canaliza a través de tu mente, lo que la ubica en tu cuerpo.*

- *La Conciencia o Consciencia está en todas partes, dentro y fuera de tu cuerpo.*

- *Podemos centrar la atención en los pensamientos que nos bullen en la cabeza o en la Conciencia que somos. Fija tu atención en la Conciencia tan a menudo como puedas.*

- *Práctica de Conciencia*
  Paso 1. Pregúntate: «¿Soy consciente?».
  Paso 2. Percibe la Conciencia.
  Paso 3. Permanece como Conciencia.

- *Para romper de una vez por todas con el hábito de pensar constantemente, has de permanecer en la Conciencia que eres.*

- *Desplaza tu atención hacia la Conciencia fijándote en ella numerosas veces a lo largo del día.*

- *Una manera sencilla de mantenerse en la Conciencia es abrir tu atención como la lente de una cámara para dejar de centrarte en el detalle y que de ese modo se revele la Conciencia.*

- *Para practicar, busca algo cercano en lo que enfocar la mirada y fija tu atención solamente en eso. Ahora, ensancha tu atención todo lo que puedas para que abarque tu entorno, sin centrarte en nada en concreto.*

Estás Soñando... Es Hora de Despertar

Según numerosos maestros espirituales y tradiciones antiguas, todo nuestro mundo —tu vida y la de los demás— no es más que un sueño. No dicen que el mundo y todo lo que contiene sea *como* un sueño, sino que está literalmente compuesto de la misma sustancia que nuestros sueños y es igual de ilusorio. Cuando permaneces constantemente como Conciencia, comprendes sin ninguna duda que tu vida y el mundo no son reales, como tú creías: son un sueño.

«Esta vida es un sueño; estamos soñando que somos personas que habitan en un mundo que estamos convencidos de que es real. No nos damos cuenta de que es todo una ensoñación. El mundo entero, tal y como lo vemos ahora, no es más que una ilusión inexistente. La verdad se oculta más allá del mundo aparente».

Lester Levenson, de Happiness Is Free, *vol. 1-5*

«Tenemos que abrirnos a la posibilidad de que esto sea un sueño. Cuando lo hacemos, todo cambia drásticamente. Resulta que, de hecho, es así. Si la experiencia de estar despiertos se ve como un sueño, nuestra conducta cambia y descubrimos que el comportamiento de los personajes y las circunstancias del sueño cambian también».

Francis Lucille, de Flores del silencio

«Nos hallamos ahora mismo en un sueño lúcido. Y lo que llamamos mente, cuerpo y universo forma parte de ese sueño».

Dr. Deepak Chopra™

«Y el sueño es continuo, sin interrupciones, de modo que es prácticamente imposible que la gente despierte».

Mi maestra

Cuando sueñas de noche, tu mente crea tu cuerpo y crea otras personas (conocidas y desconocidas), ciudades, pueblos, casas, vehículos, comida, objetos, árboles, naturaleza, animales, el sol, las estrellas y el cielo. También crea el transcurso del tiempo, el día, la noche, voces, sonidos y todas las circunstancias y acontecimientos que tienen lugar en el sueño. Tu mente crea un universo completo; crea una versión soñada de ti, y hace que todo parezca tan auténtico que ni siquiera te cuestionas su realidad… ¡hasta que despiertas! Solo entonces comprendes que era un sueño.

«Probablemente habrás notado, entre otras muchas peculiaridades de los sueños, que prácticamente siempre el "yo" del sueño no percibe que está dentro de un sueño. Es la paradoja del soñar. Los personajes del sueño asumen automáticamente que están despiertos. Pero no lo están. Las experiencias soñadas no son reales. Pero, en el sueño, nadie lo nota. Fíjate en otra cosa: para los personajes del sueño, no hay nada más allá del sueño. Ellos ignoran que hay otra forma más real de vigilia. Un personaje de sueño no tiene ni idea de lo que se está perdiendo».

Peter Dziuban, de Simply Notice

«Mientras estamos inmersos en el sueño nocturno, todo parece real. Si vemos un tigre, nos asustamos porque no sabemos que ese tigre lo hemos creado nosotros. Si lo supiéramos, no nos asustaríamos, ¿verdad? Esto demuestra que una ensoñación puede parecer perfectamente real mientras estamos inmersos en ella, aunque, cuando cobramos conciencia de su naturaleza ilusoria, comprendamos que éramos nosotros quienes la estábamos creando desde el principio».

Francis Lucille, de Truth Love Beauty

Aunque seas plenamente consciente de que el mundo es un sueño, has de respetar su fisicidad, y tu cuerpo físico. No te tires desde lo alto de un edificio, porque el edificio, el sueño, tu cuerpo y la gravedad están compuestos de la misma esencia soñada, ¡y la notarás físicamente! Como decía un maestro, si en un sueño me pellizcas, lo notaré ¡porque es un pellizco de sueño!

«En un sueño, pueden pasar diez años en un minuto. Puedes tener un bebé y que un instante después sea un niño que vaya ya al colegio. Cuando te despiertas, ves que la fisicidad del sueño era una ilusión y el tiempo al que estaba sujeta también, pese a que, visto desde el interior del sueño, todo pareciera real».

Francis Lucille, de Flores del silencio

«Si tomamos como ejemplo el estado onírico, puede haber un sueño que abarque un periodo de cincuenta años, pero al despertar nos damos cuenta de que ese periodo no ha transcurrido en realidad. Solo parecía real mientras nos identificábamos con el estado de consciencia onírica. Del mismo modo, el estado de vigilia es una obra teatral extremadamente convincente producida por la consciencia».

David Bingham, de Conscious TV

«Las leyes de la física son las leyes que se aplican a este soñar despiertos. En los sueños nocturnos, las leyes físicas son otras. ¡Por eso por las noches puedes volar!».

Francis Lucille, de Flores del silencio

Da igual lo que suceda en el sueño «terrenal». El final es el mismo para todos: ¡al despertar, descubrimos que todo era un sueño! Por eso los maestros espirituales nos instan a «despertar». Se refieren a despertar de la ilusión y a darnos cuenta de que era todo un sueño. Cuando despertamos a la verdad, descubrimos que nadie ha resultado herido ni ha sufrido daño alguno, que nadie ha muerto. Igual que cuando despiertas aterrorizado de una pesadilla y te das cuenta con inmenso alivio de que nadie ha sufrido daño y no ha pasado nada malo; de que era solo un sueño.

«Del mismo modo que puedes ir al cine y ver una película de guerra y sufrimiento, y después decir "¡qué película tan maravillosa!", también puedes interpretar esta vida como una enorme película cósmica. Prepárate para descubrir que todas las experiencias que puedan salirte al paso no son más que sueños».

Paramahansa Yogananda, de Man's Eternal Quest

«Ver el mundo como un sueño es un ejercicio fantástico que ayuda a quebrar su solidez aparente».

Francis Lucille

Despertar

«La mayor sanación es despertar de lo que no somos».
Mooji

«Es como desplazar la mirada de una cosa a otra. Así de sutil. O como exhalar. Cuando estás listo, lo haces. No te digas a ti mismo que nunca estarás listo. No te digas que es imposible. Sucede continuamente a tu alrededor, a personas como tú, que ya no se angustian ni se preocupan como antes, sino que viven rebosantes de alegría. Llevan una vida fácil, pase lo que pase. No les tengas envidia. No dudes de ellos. Vuélvete tú también así. Te regocijarás. No podrás comprender cómo has podido vivir de otro modo tanto tiempo».

Jan Frazier, de Opening the Door

Puedo afirmar con total rotundidad que pasé dormida varias décadas de mi vida. Sé que estaba dormida porque puedo señalar el día preciso, el momento exacto y las circunstancias concretas en los que desperté por primera vez. Desde entonces, he vivido muchos pequeños despertares, y otro gran despertar. Despertar es salir de la niebla, cuando esta se despeja de pronto, y verlo todo con claridad.

Hay personas que han despertado tumbadas en un sofá, o mientras cruzaban un aparcamiento camino de su coche, o escuchando el canto de un pájaro o algo que decía un maestro o leyendo una cosa concreta. Muchos despiertan debido a un acontecimiento aterrador, o durante una crisis personal, cuando su vida ha tocado fondo. Y, en todos los casos, solo al despertar se han dado cuenta de que estaban dormidos.

«La mayoría de la gente está dormida, aunque no lo sepa. Nacen dormidos, viven dormidos, se casan dormidos, engendran hijos sumidos en el sueño y mueren dormidos, sin despertar nunca. Tienen una vida mecánica, pensamientos mecánicos —los de otras personas, normalmente—, emociones mecánicas, gestos mecánicos, reacciones mecánicas. Nunca llegan a entender la hermosura y el deleite de esto que llamamos existencia humana».

Anthony de Mello, S.J., de Awareness: Conversations with the Masters

Nuestra mente es mecánica, como un programa informático; de modo que, si nos gobierna la mente, nuestra vida es también un automatismo. Puede que sufras una perpetua escasez de dinero. Ello se debe a que tu mente repite automáticamente la misma idea, una y otra vez: «no tengo suficiente dinero». Empoderas esos pensamientos al creerlos, y así perpetúas la experiencia de no tener suficiente dinero. Ese es el producto de las ideas limitadoras de la mente; la Conciencia, en cambio, es abundancia absoluta.

Cuando despiertes y empieces a vivir como Conciencia, tu vida sobrepasará todo lo que imaginas ahora. El mundo te parecerá absolutamente magnífico, rebosante de belleza y deleite, y verás con claridad que todo va bien, como debe; que nada está fuera de lugar. Cuando es la mente la que rige tu vida, te impide ver el mundo tal y como es de verdad.

La mente egotista rechaza con vehemencia casi todas las cosas y objetos. Debido a su egocentrismo y a su incapacidad para ver el cuadro completo, juzga, critica y condena, y debido a su perspectiva limitada de la vida, solo percibe problemas.

«Despertar es desagradable, que conste. Estás tan tranquilo, en la cama, y es un fastidio que te despierten. Por eso el gurú sabio no trata de despertar a la gente. Yo confío en mostrarme sabio y en no intentar en modo alguno despertarte, si estás dormido. En realidad no es asunto mío, aunque a veces te diga "¡despierta!"».

Anthony de Mello, S.J., de Awareness: Conversations with the Masters

Todos tenemos un propósito en la vida: despertar a lo que somos, a la Conciencia, y disfrutar del increíble espectáculo del mundo. Cuando despiertes, estarás *en* el mundo, no serás *del* mundo, lo que equivale a decir que quedarás completamente libre de sus dificultades y zozobras.

Como explicaba en el capítulo anterior al hablar de los tres pasos de la Práctica de Conciencia, tras despertar a la verdad de la Conciencia, el último paso consiste en permanecer como Conciencia deliberadamente y en no entregarse de nuevo a la mente y el ego. Algunas personas se despiertan de repente y siguen permanentemente despiertas, mientras que para otras el despertar es más bien un proceso paulatino. Todos afirman, no obstante, que el despertar va haciéndose más y más profundo cada vez, infinitamente.

«Ya no es posible alegar que es cosa de santos o de monjes zen, o que es algo para lo que hay que esperar una eternidad. O que es solamente para quienes se dedican de forma seria a la práctica espiritual, o para gente que no se deleita en la vida física o que tiene determinadas creencias. Ten presente que puedes transitar hacia ese lugar, que puedes estar ahí, que puedes llevar una vida libre de lastres. No hay que ganárselo, ni que merecerlo. Es gratis, ya está aquí. No es una recompensa. Es innato».

Jan Frazier, de Opening the Door

Despertar a tu verdadero ser es la manera de dejar atrás *todo* lo negativo y de disfrutar de una felicidad permanente. Es el destino de todo ser humano sobre la faz de la tierra. Es tu destino. ¡Puedes conseguir que tu vida sea así ya!

La Montaña de la Consciencia

Hace muchos años, el Imperator de la Orden Rosacruz europea se sirvió de una metáfora para explicarme los distintos niveles de Consciencia y Conciencia. Esa metáfora es «la montaña de la consciencia».

Si te encuentras al pie de una montaña, en el valle, no alcanzas a ver muy lejos. Tu campo de visión es estrecho y limitado y no puedes ver lo que tienes delante, ni lo que hay a la vuelta de la esquina. Como no sabes lo que hay más allá del valle, sientes un gran temor a lo desconocido.

Al subir por la montaña, empiezas a advertir cambios. Tus horizontes vitales se amplían a medida que asciendes, porque alcanzas a ver más lejos y atisbas lo que hay más allá de las cosas que antes, cuando estabas al pie de la montaña, tapaban tu vista. Las cosas presentan un aspecto distinto cuando estás más arriba, porque puedes verlas con mayor claridad y, aunque todavía tienes cierto temor, no eres tan miedoso como en el valle.

A medida que asciendes, la atmósfera cambia; la vegetación es distinta y ves mucho más allá que antes. Aquí arriba la vida presenta un aspecto muy distinto y, como ahora ves un montón de cosas que antes te estaban ocultas, tu miedo a lo desconocido va mermando.

Cuando llegas a lo alto de la montaña, lo ves todo en todas direcciones. Nada se te oculta. Tu visión del mundo y el más allá se ha expandido por completo hacia todos los puntos cardinales. Ves a la gente en el valle y su perspectiva limitada y, desde donde te hallas, comprendes que no tienen nada que temer. También ves a la gente que se encuentra en distintas fases de ascenso, trepando por la montaña, y las diversas limitaciones de su perspectiva. Y, desde tu posición en la cúspide de la montaña, puedes contemplar la belleza exquisita y la perfección de absolutamente todo. Ves que nada está fuera de su sitio y que no hay nada por lo que preocuparse, ni nada que temer. El espectáculo, la maravilla y el misterio de la vida que se te revelan son espléndidos. Cuando la gente del valle pueda ver lo grandioso que es lo que estás viendo, también será libre.

«Cuando nos hallamos en la cumbre de una montaña o contemplando las estrellas, estamos intuyendo el infinito, que es lo que somos de verdad. Esa es la razón de que tanta gente ansíe esa sensación de expansión y vastedad».

David Bingham

«En el nivel más alto de consciencia, ninguna de las cosas que genera la mente individual importa lo más mínimo, porque te encuentras en la cumbre de tu propio ser, y todo lo que hay más abajo son nubes pasajeras. ¡Llega un punto en que nada importa, en absoluto! Nada, nada, nada. Solo hay perfección».

Mooji, de Fuego Blanco, *segunda edición*

Ahora que ya sabes quién eres, ¡has iniciado el proceso de despertar! Tu mente es el único obstáculo que te impide ser permanentemente lo que eres de verdad. Tu mente es el mayor poder que tienes en el mundo material, porque es capaz de generar todas las cosas materiales, los hechos y las circunstancias que deseas, pero, si das crédito a sus pensamientos negativos, estarás utilizando su poder creativo en tu contra. La mente no tiene nada de malo, pero se vuelve un impedimento cuando te identificas con ella y te convences de que eso es lo que eres.

Cuando tu mente trate de hablar por ti, recuerda que la voz que oyes dentro de tu cabeza no eres tú. Tu mente ni siquiera es un ente real, sino un proceso: un proceso mecánico. Está compuesta de pensamientos, y los pensamientos que genera proceden de programas formados por tus creencias y guardados en tu mente subconsciente. El subconsciente es el almacén de nuestras convicciones, recuerdos, rasgos de personalidad, automatismos y hábitos, y su funcionamiento se asemeja al de un ordenador; es completamente mecánico.

Tu subconsciente recibe información de la mente consciente, que es tu mente pensante, y acepta todos los datos que le proporciona la mente pensante. El subconsciente no discrimina entre la información que le llega, sino que da por válido todo lo que *la mente pensante cree cierto.*

De modo que, básicamente, nuestra mente recicla pensamientos conforme a nuestras creencias y nos mantiene prisioneros sirviéndose de esos mismos pensamientos que limitan radicalmente nuestra existencia, hasta que despertamos y vemos que no somos mente, ni pensamiento.

«¿Qué prefieres: entrar en el juego de la limitación o ser libre? Esa pregunta tan sencilla es una de las claves para desprenderse de la obsesión de ser cuerpos-mentes limitados. Si crees que eres tu cuerpo-mente y las historias que te cuentas a ti mismo y a otros sobre ese cuerpo-mente y su experiencia, entonces es que prefieres jugar al juego de la limitación».

Hale Dwoskin, de Happiness Is Free

El primer paso hacia la libertad es comprender que nuestros pensamientos crean nuestra vida. Lo que piensas es lo que se manifiesta. No tendrás la vida que deseas si prestas atención a ideas que *no* deseas. ¡Y tendrás la vida que deseas si prestas atención únicamente a la idea de lo que *sí quieres*! Cuando comprendes esto plenamente, te vuelves muy consciente de tus pensamientos y emprendes el camino del despertar, porque la conciencia que tienes de lo que piensas no solo te impide dar crédito a ideas negativas, sino que además significa que te estás volviendo más consciente.

El libro y el documental de *El Secreto* explican el poder que tienes para crear tu propia vida en todas sus facetas —salud, relaciones personales, dinero, trabajo, felicidad, e incluso el mundo en su conjunto— a través de tus pensamientos. Si aún no entiendes el poder inmenso que posees a través de lo que piensas, te animo a conseguir un ejemplar de *El Secreto*, a pedírselo a un amigo o a sacarlo de la biblioteca. *El Secreto* ha cambiado la vida de diez millones de personas, y hacerte más consciente de tus pensamientos es un primer paso excelente en el maravilloso proceso de despertar a lo que eres de verdad.

CAPÍTULO 4 *Resumen*

- *La vida es un sueño. El mundo no es más que una ilusión onírica, una ensoñación.*

- *Cuando sueñas de noche, tu mente crea un universo entero y hace que todo parezca tan auténtico que no te cuestionas su realidad, hasta que despiertas.*

- *El estado de vigilia es también una obra de teatro extremadamente convincente que produce la consciencia.*

- *Dado que la mente es mecánica, si vivimos dominados por ella, nuestra vida también es mecánica.*

- *Cuando la mente rige nuestra existencia, nos impide ver el mundo tal y como es.*

- *Cuando despiertes, estarás en el mundo, pero no serás del mundo.*

- *La Montaña de la Consciencia es una metáfora de la consciencia que explica que tu perspectiva de la vida se expande a medida que asciendes. Desde lo alto de la montaña, ves la belleza y la perfección de absolutamente todo.*

- *Tu mente está compuesta por pensamientos, y los pensamientos que genera proceden de programas formados por tus creencias y convicciones y almacenados en tu mente subconsciente.*

- *La mente subconsciente alberga nuestras creencias, recuerdos, rasgos de personalidad, automatismos y hábitos; su funcionamiento se asemeja al de un ordenador.*

- *El primer paso hacia la libertad es comprender que nuestros pensamientos crean nuestra vida. Lo que piensas es lo que se manifiesta.*

LIBERARSE
DE LA MENTE

«No es necesario que la mente se calle. Lo importante es hacer caso omiso de lo que dice, como si no fuera cierto».
Jan Frazier, de The Great Sweetening: Life After Thought

La mente es una herramienta increíble para conseguir que tu vida sea exactamente como deseas. No es tu psicoanalista ni tu terapeuta, y sin embargo le concedemos esa autoridad cuando la escuchamos y creemos todas sus divagaciones como si fueran ciertas. El hábito de dar crédito a nuestros pensamientos nos impide vivir plenamente nuestra verdadera naturaleza —la Conciencia—, en todo su esplendor y su grandeza. Nos priva de una vida de felicidad constante, en la que todo lo que necesitemos caiga en nuestras manos en el momento oportuno.

La humanidad ha sufrido ya demasiado tiempo por culpa de la mente. Es hora de relegarla al lugar que le corresponde para que deje de gobernar tiránicamente nuestra existencia. Cuando dejemos de vivir a partir de la mente y a través de ella y empecemos a vivir desde nuestro verdadero ser, la Conciencia, nuestra vida se transformará en un verdadero paraíso terrenal, libre de sufrimiento y negatividad.

«Todos los problemas que percibimos "ahí fuera" no son en realidad más que espejismos que tienen lugar dentro del propio pensamiento».
Byron Katie, de Amar lo que es: cuatro preguntas que pueden cambiar tu vida

«La manera más eficaz de deshacerse de la negatividad es darse cuenta de que uno no es su mente. En cuanto te das cuenta de ello, la negatividad no tiene a lo que agarrarse y se disuelve por sí sola».

Hale Dwoskin

La mayoría de la gente cree que las situaciones negativas le vienen dadas desde fuera; creen que las cosas que les afectan negativamente se deben a otras personas, o a circunstancias o acontecimientos ajenos a ellos. Pero nada es de por sí bueno o malo, como decía Shakespeare: «No hay nada bueno ni malo; es el pensamiento el que lo hace aparecer así».

Las situaciones negativas que te salen al paso tienen su origen en tus pensamientos acerca de una persona, una circunstancia o unos hechos concretos; no se deben a esa persona, a esa circunstancia o a ese hecho. Por tanto, comprender un poco cómo funcionan tus mecanismos mentales te ayudará a liberarte de juicios negativos erróneos. De ese modo, podrás servirte de tu mente para su verdadero fin; es decir, para crear la vida que deseas.

«El pensar se hizo para pedir lo que quieres, no para enfrascarte en tus pensamientos y regodearte en ellos. La mente sirve para recibir lo que pides y hacerlo aparecer ante ti. El pensamiento no se necesita para nada más, porque de todo lo demás se encarga la Conciencia».

Mi maestra

«Si a partir de este instante solo visualizaras lo que deseas, eso sería lo que tendrías. Pero retienes en la mente cosas que no deseas. Pugnas por deshacerte de ellas, y por eso las mantienes. Así pues, es necesario que te desprendas de lo negativo y actives lo positivo si quieres tener una vida positiva y feliz».

Lester Levenson, de Happiness Is Free, *vol. 1-5*

¿Qué es la mente, exactamente? Primero, es importante que comprendas que la mente no es el cerebro. El cerebro no piensa. Los científicos no han sido capaces de encontrar un solo pensamiento en el cerebro; solo alcanzan a ver la actividad eléctrica que genera el pensar. El pensamiento procede de la mente. Tu mente está hecha por completo de pensamientos. Si no hay pensamiento, no hay mente. Es así de sencillo. Tu mente ni siquiera puede tener dos ideas al mismo tiempo. Como sabes, es imposible escuchar atentamente una conversación y al mismo tiempo estar leyendo algo en el móvil. La mente no puede realizar varias operaciones a la vez, aunque tú creas que sí.

Aun así, un solo pensamiento, ya sea positivo o negativo, se convierte en una auténtica turbina cuando crees en él.

«Si prefieres sufrir, sigue creyendo a pie juntillas tus pensamientos estresantes. Pero, si prefieres ser feliz, cuestiónatelos».
Byron Katie, de Una mente en paz consigo misma

La mayoría de la gente da crédito a sus pensamientos como si fueran hechos incontestables, lo que explica por qué la vida resulta tan estresante y difícil para tantas personas. Nadie nos ha hecho ver que los pensamientos son solo ruido mental, y que *no* son la realidad. Pero, si elegimos creer en ellos, ¡se convierten en nuestra realidad!

La mente es la gran manifestadora de nuestra vida física; confiere realidad a cualquier pensamiento que creamos, ya sea positivo o negativo, acerca de lo que queremos o de lo que no queremos. Los pensamientos positivos no son dañinos para tu vida porque están muy cerca de tu verdadera naturaleza. Son los pensamientos negativos los que te causan estrés y sufrimiento. Así pues, debemos estar especialmente atentos a los pensamientos negativos.

Debido a que la mente es mecánica, el pensamiento negativo puede convertirse con facilidad en un patrón fijo. Si prestas oídos a los pensamientos negativos y te identificas con ellos, te arrastrarán y te encontrarás absorto en ellos, como en un trance hipnótico. Tus pensamientos te mantendrán permanentemente encerrado dentro de tu cabeza y apartado de lo que de verdad sucede en el mundo.

«Crees que eres tu mente. Ese es el engaño. El instrumento se ha apoderado de ti».

Eckhart Tolle, de El poder del ahora: un camino hacia la realización espiritual

Es como si estuviéramos jugando a un juego de realidad virtual y hubiéramos olvidado que llevamos puesto el casco. Debido a las dificultades que surgen en ese mundo virtual, nos estresamos y sufrimos. Pero, si nos quitáramos el casco, nos daríamos cuenta de que esa realidad virtual no es auténtica. Lo mismo sucede con nuestros pensamientos. Cuando creemos en ellos, nos vemos atrapados de inmediato en una película de ficción que tiene lugar dentro de nuestra cabeza, y dejamos de experimentar el mundo tal y como es.

«Todo pensamiento es mentira. La única verdad es la que es consciente del pensamiento».

Mi maestra

«La Conciencia observa; el pensamiento juzga».

Rupert Spira, de Las cenizas del amor

Los pensamientos son también los responsables de nuestros sentimientos, que, a su vez, causan otros pensamientos. Cuando pensamos algo triste, ese pensamiento genera tristeza, y esa tristeza da lugar a más pensamientos tristes. Así acabamos viendo la vida a través de un velo de melancolía; todo nos parece triste y no conseguimos ver lo que sucede *de verdad* en el mundo.

«La mente es consciencia que está sujeta a limitaciones. Originalmente, eres ilimitado y perfecto. Más tarde, asumes limitaciones y te transformas en mente».

Ramana Maharshi

Si no programas adrede tu mente para que piense en positivo, te lanzará pensamientos negativos constantes que te limitarán y empequeñecerán. «No debería haber hecho eso». «¿Cómo se me habrá ocurrido?». «Qué tontería he hecho». «Se me está agotando el tiempo». «No puedo hacerlo».

«La mente solo dice: "¡No!"; "¡Demasiado tarde!"; "¡Demasiado pronto!"; "¡Demasiado deprisa!"; "¡Demasiado despacio!". La mente nunca se para».

Mi maestra

«No es que la mente sea mala. El problema es que tiende a funcionar automáticamente, como una máquina que no sabemos cómo desconectar. La mayoría del tiempo ni siquiera nos damos cuenta de que está en funcionamiento. Su contenido se repite en bucle, como el hilo musical de un ascensor. Apenas reparamos en él; es como un chisporroteo eléctrico que oímos de fondo y del que no hacemos caso. Como la mente nos acompaña allí donde vamos, la tentación de utilizarla constantemente es abrumadora. Funciona simplemente porque puede. Como un martillo mal usado, la mente hiperactiva golpea al azar todo lo que tiene a la vista, sin perder oportunidad de juzgar, rechazar, interpretar, identificarse con tal o cual cosa, rumiar un pensamiento o generar un discurso».

Jan Frazier, de The Freedom of Being

Una mente que funciona en modo automático estará continuamente diciéndote que tu vida y el mundo tienen carencias —escasez de dinero, de salud, de amor, de tiempo, de recursos— y que no hay suficiente para todos. Y, si te lo crees, eso será lo que experimentes.

Por suerte, tu mente es también una herramienta fantástica. Tus pensamientos positivos sobre lo que quieres no solo pueden dar un vuelco a tu vida, sino también proporcionarte felicidad y alegría inmensas. Si solo pensaras en lo que deseas, tu vida sería maravillosa. Pero mucha gente se ve atrapada en el patrón adictivo de creer en sus pensamientos negativos. Es necesario desprenderse de ese bucle de negatividad, y es fácil hacerlo: tu Conciencia te ayudará a liberarte.

No Creas al Alborotador

La mente no tiene nada de malo; lo malo es que nos creemos sus pensamientos negativos. Cuando te preocupas, es porque estás dando crédito a pensamientos de preocupación. Cuando dudas, es porque estás creyendo pensamientos de duda. Cuando te sientes ansioso, disgustado, desanimado, temeroso, desengañado, irritado, impaciente, rencoroso, deprimido, detestable, o cuando experimentas cualquier otra emoción negativa, es porque estás creyendo determinados pensamientos. Y mientras te aferres a esas emociones y sigas creyendo esos pensamientos, tu mente seguirá dándote más de lo mismo. Si te sientes deprimido, producirás más pensamientos deprimentes; eso te dará una perspectiva deprimente de los demás, de las circunstancias y los hechos que te rodean, lo que a su vez hará que te sientas más deprimido, y así sucesivamente.

«El pensamiento es tan listo, tan astuto, que lo distorsiona todo a su conveniencia».

J. Krishnamurti, de Libérese del pasado

Cuando damos crédito a pensamientos negativos, nos dejamos arrastrar por la película que genera nuestra mente, y de esa forma nos vemos abocados a experimentar más estrés y sufrimiento.

«Cuando creemos los pensamientos negativos, nos estamos autoinfligiendo un daño».

Mi maestra

«Eres responsable de todo lo que sientes. Son tus emociones, tus pensamientos. Tú los activas, tú los piensas. Es algo que haces tú, solo tú. ¡Y te comportas como si no tuvieras ningún control sobre ellos! Abres un grifo que vierte en tu cabeza y dices: "Uy, alguien me está mojando". Eres tú quien ha abierto el grifo y quien se está empapando. Así que deberías procurar asumir toda la responsabilidad de lo que ocurre. Cuando lo veas desde la perspectiva del "soy yo quien está haciendo esto", te darás cuenta de que es así. Y, cuando te des cuenta de que te estás torturando a ti mismo, dirás: "Madre mía, ¿cómo he podido ser tan idiota?". Y dejarás de hacerlo. En lugar de atormentarte, te harás feliz».

Lester Levenson, de Happiness Is Free, *vol. 1-5*

Aceptar la responsabilidad de todo lo que sucede en nuestra vida también supone no culpar a nadie ni a nada por lo que ocurra. Y eso significa no culparte a ti mismo. La culpabilización no es más que otro programa mental repetitivo. Tu verdadero ser nunca culpabiliza. Solo culpabiliza la mente. Para liberarte de la culpa y de las críticas de la mente, debes tomar conciencia de que tu *mente* es la única causante de esos juicios negativos, y dejar de creer sus pensamientos desfavorables.

«Mientras sigas pensando que la causa de tus problemas está "ahí fuera" —mientras creas que alguien o algo es responsable de tu sufrimiento—, no habrá nada que hacer: seguirás asumiendo el papel de víctima y sufriendo aunque estés en el paraíso».

Byron Katie, de Amar lo que es: cuatro preguntas que pueden cambiar tu vida

Cuando nos hacemos responsables de nuestra propia vida, estamos impidiendo que el ego y la mente se victimicen en nuestro nombre.

«Ningún pensamiento puede dominar a aquello que percibe el pensamiento. Fíjate en lo que se siente al cobrar conciencia de esto. Fíjate en lo liberador que es. Es lo que detiene la identificación inconsciente con el pensamiento. Es lo que rompe la cadena».

Peter Dziuban, de Simply Notice

Es la Conciencia la que conoce tus pensamientos, y es la Conciencia la que percibe tus emociones. La que se angustia no es la Conciencia, tu *verdadero* ser; la que se angustia es tu mente. No es tu *verdadero* ser el que se enfada, sufre, se preocupa, se agobia o se desilusiona; es tu mente. Solo parece que eres tú porque te identificas con tu mente y porque das crédito a los pensamientos que genera.

«Deja pasar tus pensamientos, como esos titulares que pasan por la parte de abajo de la pantalla de la tele. Si no te fijas en el texto, puedes percibir plenamente toda la escena».

Kalyani Lawry

Los Tres Pensamientos de la Mente

Aunque nuestra mente —como todo lo demás— surja de la conciencia, no es un ente ni una cosa real, por más que lo parezca. Es solo una actividad o un proceso mecánico, igual que un programa informático. Y, lo mismo que un programa informático, es repetitiva. De hecho, lo es hasta tal punto que solo es capaz de generar tres clases distintas de pensamientos.

«La mente mide, compara y describe. Solo hace esas tres cosas, una y otra vez. Tú misma puedes comprobarlo fijándote en cualquier cosa que digas o pienses. Ese pensamiento es la mente, que está midiendo algo, comparando algo o describiendo algo».

Mi maestra

Tu mente mide con pensamientos tales como: «Se tarda dos horas en llegar allí»; «Dentro de una semana me voy de vacaciones»; «¿Cuánto tardará en llegar mi envío?»; «He adelgazado tres kilos»; «No tengo suficiente dinero».

Tu mente compara cuando piensa cosas como estas: «Prefiero un todoterreno a una berlina»; «Me gusta ir andando a trabajar, en vez de tomar el autobús»; «Es más lista que yo y tiene mucho más talento»; «Le van a dar el ascenso a él y no a mí, lo sé»; «Mírala; ojalá tuviera yo ese cuerpo»; «No es como antes; ha cambiado».

Y tu mente describe las cosas constantemente, como si no pudieras verlas. Sin embargo, ves perfectamente lo que pasa en tu vida cotidiana, sin necesidad de que la mente lo comente a todas horas. De hecho, esa cháchara incesante te impide ver el mundo tal y como es de verdad.

«Nuestra atención se centra sobre todo en el pensar. Quedamos atrapados en las interpretaciones que hacemos y pasamos por alto la plenitud del vivir».
Kalyani Lawry

«La mente hace algo con todo lo que se le presenta. Es su modo de funcionar por defecto. Hasta tal punto, que casi nunca se nos ocurre que podría ser de otra manera; que la mente podría abstenerse de hacer algo con todo lo que surge. Tampoco se nos ocurre que ese hacer algo que mantiene a la mente cautiva es la causa real del sufrimiento. Seguimos pensando que son las cosas que nos pasan en la vida las que nos hacen sufrir».
Jan Frazier, de Opening the Door

Cuando tu mente describe algo, está contando una historia. Es decir, está haciendo una interpretación del mundo y de la realidad. Una interpretación imaginada. Muchos de los relatos inventados que crea la mente tratan sobre *ti* y, si los crees, esos relatos no solo pueden producirte estrés y hacerte sufrir, sino que limitan enormemente tu existencia. Cuando das crédito a un relato negativo, tu vida se convierte en ese relato. Tu mente genera una historia adversa sobre ti, tú le añades el poder de la creencia y luego tu mente la proyecta en el mundo para que la experimentes. Esta operación se efectúa mediante pensamientos del tipo:

«Estoy agobiadísima. No doy abasto con tantas cosas».

«Se me da fatal administrarme. El dinero se me escapa entre los dedos».

«Esta enfermedad es cosa de familia».

«Tengo un problema tremendo».

«No consigo superar ese trauma. Me afectará el resto de mi vida».

«Estuvimos juntos muchos años; era el amor de mi vida. Nunca lo superaré».

Una de las mayores mentiras de las que nos ha convencido la mente es que somos cuerpo y mente. Y, dado que nos lo hemos creído, se ha convertido en nuestra experiencia vital. Nos sentimos vulnerables, tememos lo que pueda pasarnos a nosotros o a otras personas, nos creemos impotentes ante los azares de la vida y, por si no bastara con eso, a muchos nos abruma además la convicción de que la vida se acaba cuando muere el cuerpo físico. Resulta irónico que tu verdadero ser —la Conciencia Infinita que eres de verdad— sea todo lo contrario a ese relato que te cuenta tu mente.

«Si te fijas, cuando un ser humano se despierta por la mañana, en un primer momento solo hay quietud y silencio; luego se produce una reactivación mental, la mente se pone en marcha y empieza a decir: "¿Qué tengo que hacer hoy? ¿Cuántos años tengo? ¿Qué problemas debo afrontar? ¿Cómo voy a impedir que se tuerzan tantas cosas?". Te identificas completamente con ese relato; te calzas las botas y echas a andar otra vez».
David Bingham, de Conscious TV

Otro relato del que nos ha convencido nuestra mente es el del tiempo. El tiempo es una herramienta muy útil que nos permite trabajar con el mismo

calendario y usando un reloj, de modo que podamos coordinarnos entre nosotros y con lo que sucede en el mundo. Pero, como descubrió Einstein, el
tiempo es relativo; en último término, no existe. Es una ilusión: un concepto
creado por la mente.

«Si intentas apresar el tiempo, se te escapa entre las manos. La gente está
segura de que existe, pero no consigue asirlo. Yo opino que no podemos
asirlo porque no existe».

Julian Barbour, físico. Del libro El fin del principio: una nueva historia del tiempo, *de*
Adam Frank

Lo único que existe realmente es el momento presente y, por más que lo in-
tentes, no encontrarás ningún hecho o circunstancia que haya ocurrido en
otro tiempo que no sea el momento presente.

Si intentas imaginarte un mundo sin tiempo, no puedes, porque tu mente es
incapaz de concebirlo. Tu mente está siempre en el pasado o en el futuro; no
es consciente del momento presente. Si te paras y estás presente en el ahora,
notarás que no hay pensamiento. Ese es uno de los motivos por los que la mente
nos impide darnos cuenta de lo que somos verdaderamente, porque la Conciencia solo puede reconocerse en el momento presente, en este preciso instante.

Si no crees que el tiempo sea una invención de tu mente, prueba a ver si puedes encontrar el tiempo fuera de ella.

«Trata de encontrar alguna prueba del pasado sin pararte a pensar. Pon todo tu empeño en encontrar algún pasado, aparte del pensamiento actual que se tiene sobre él. Es imposible».

Peter Dziuban, del audiolibro Consciousness Is All

Ahora prueba a encontrar el futuro sin recurrir al pensamiento. Esfuérzate por conseguirlo.

No es posible hallar ninguna prueba del pasado ni del futuro sin recurrir al pensamiento. Nadie ha podido retrotraerse al pasado ni pasar al futuro. Las cosas que ocurrieron en el pasado ocurrieron en el momento presente. Las cosas que ocurran en el futuro, ocurrirán en el momento presente. Haz la prueba. Rememora la primera vez que montaste en bici de niño. Cuando estabas pedaleando, ¿lo hacías en el pasado o en el momento presente? Esta mañana, cuando te despertaste, ¿te despertaste en el pasado o en el presente?

«El pasado y el presente no pueden experimentarse. Solo se pueden analizar mentalmente. Pasado y presente existen solo en forma de pensamiento».

Jan Frazier, de The Great Sweetening: Life After Thought

«La única prueba que tenemos del pasado de la Tierra son las rocas y los fósiles. Es decir, estructuras estables en forma de compuestos minerales que examinamos en el presente. El caso es que lo único que tenemos son esos registros y solo los tenemos en este Ahora».

Julian Barbour, físico. Del libro El fin del principio: una nueva historia del tiempo, *de Adam Frank*

La primera vez que me dijeron que el tiempo no existía, mi mente se volvió loca tratando de demostrar que, en efecto, existía. ¿Qué hay de los edificios antiguos?, me decía. ¿Acaso no son prueba de que existe el pasado? Pero, al pensarlo detenidamente, me di cuenta de que esos edificios se construyeron en el momento presente. Y si me detengo delante de uno y lo miro, lo estoy mirando en el presente, y todo aquel que haya mirado el mismo edificio lo ha mirado en el momento presente. En definitiva, al examinar cada pensamiento que se me ocurría para intentar demostrar que el tiempo existía, me di cuenta de que todas esas ideas eran falsas, porque lo único que existe es el momento presente.

«Te guste o no, existes en el momento actual. Solamente hay ese momento; es infinito, y no puedes estar en ningún otro sitio más que en él».

Mi maestra

«El Ahora no es un momento en el tiempo, intercalado entre las vastedades del pasado y el futuro. El Ahora presente es el único Ahora que hay: el Ahora eterno. No viene de ninguna parte ni va a ningún sitio».

Rupert Spira, de Las cenizas del amor

Abrirte a la posibilidad de que el tiempo sea un espejismo te ayudará a liberarte.

«El futuro nunca llega. Piénsalo: nunca llega. Solo existe el presente. En el presente, se tiene la sensación de no estar perdiéndose la vida. De no tener ningún otro sitio al que llegar, nada que hacer. El presente es el lugar donde sucede todo. Y no sucede en ningún otro lugar. Desde luego, no sucede en la mente, eso está clarísimo, ni aunque te devanes los sesos pensando en lo que tienes por delante y repases una y otra vez algo que ya vino y se fue».

Jan Frazier, de Opening the Door

«El pasado se compone de recuerdos; el futuro, de imaginación. Ninguno de los dos existe fuera de la esfera del pensamiento».

Rupert Spira, de Las cenizas del amor

La mente está constantemente obsesionada con el pasado y el futuro, que, pese a no existir, nos causan estrés y preocupación. Te dices: «Llego tarde a la reunión. Mi jefe y mis compañeros se van a enfadar conmigo. La semana pasada también llegué tarde. Podrían despedirme por esto». En vez de creer esos pensamientos como si fueran hechos fehacientes, ten presente que *solo* son pensamientos inconsistentes, relatos inventados. Pero si das crédito a tu mente, se harán realidad.

La narración de la mente solo es uno de sus programas mecánicos y, sin embargo, ha logrado convencernos de que su discurso es cierto: el discurso de que el tiempo es real, el discurso de que somos cuerpo y mente, el discurso de que somos individuos disociados que nacen y mueren. Todos esos relatos contribuyen a construir la realidad que experimentamos, pero están en la mente y, por tanto, solo son conceptos mentales.

«No eres tú quien agrada o desagrada a la gente, sino su discurso sobre ti».
Byron Katie, de Una mente en paz consigo misma

No creas las historias que te cuente tu mente si son algo que no deseas; si no, te marcarán y definirán. Observa los mecanismos de tu mente y no aceptes una sola narración o pensamiento sobre ti mismo que se aparte de la perfección y la bondad, porque de eso estás hecho *realmente*: de perfección y bondad puras.

La Conciencia Es la Solución

«¿Qué es un pensamiento? Un movimiento de energía. ¿Qué es una sensación? Un movimiento de energía».
Peter Lawry, de la charla "Consciousness Unlimited"

El pensamiento no puede influir en lo que eres; es decir, Conciencia Infinita. Por eso has de cobrar conciencia de tus pensamientos y verlos como lo que son: simples ideas, energía pasajera.

«Un pensamiento es como un pájaro que pasa volando. Deja que pase el pájaro sin analizarlo. "¿Adónde vas? ¿Qué clase de pájaro eres? ¿Dónde está tu familia? ¿Qué edad tienes?". Deja que pase sin más».
Mi maestra

No hace falta que aniquiles tu mente o que le declares la guerra. Si intentas hacerlo, le estarás confiriendo aún más poder. La Conciencia es tu vía de salida para desprenderte de la confusión y el tumulto de la mente. Cobra conciencia de tus pensamientos para no seguir creyéndolos. No puedes ser consciente de tus pensamientos y creerlos al mismo tiempo, porque la Conciencia de tus pensamientos impide que te identifiques con ellos como si fueran ciertos. Cuando observas tus pensamientos en lugar de extraviarte en ellos, te das cuenta de lo que son: algo que puedes optar por creer o no creer.

«Tu verdadero ser no necesita pensar para oír. No necesita pensar para ver. No necesita pensar para sentir el cuerpo y lo que le rodea. Tu verdadero ser está libre de todo pensamiento. La Conciencia es oír, es ver, es percibirlo todo sin ningún pensamiento».

Mi maestra

Recuerda que tus pensamientos no son conscientes de ti; tú eres la Conciencia que es consciente de tus pensamientos.

«Cuando afrontas de verdad lo muy en serio que te tomas a ti mismo, tu mente puede empezar a sentirse en paz, envuelta en un soplo de brisa cálida. Eso que creías que eras —tus opiniones, tus deseos y temores, todo aquello en lo que te vuelcas— se difumina un poco. La vida se vuelve extrañamente sencilla. Gozosa, incluso. Lo que ocurre… ocurre, sin más. Y te parece bien, de verdad. Ninguna opinión al respecto cruza la pantalla del radar. Dentro de tu cabeza se hace el silencio. Te das cuenta de lo mucho que te has esforzado, siempre con las mejores intenciones. Para ti, la vida acaba de empezar».

Jan Frazier, de Opening the Door

CAPÍTULO 5 *Resumen*

- *El hábito de creer nuestros pensamientos nos impide vivir en el esplendor y la magnificencia que son propios de nuestro verdadero ser.*

- *No son las personas, las circunstancias o los hechos los que causan las situaciones adversas en las que te encuentras, sino tus pensamientos acerca de esas personas, circunstancias o hechos.*

- *El pensar se hizo para pedir lo que quieres. El pensamiento no se necesita para nada más, porque de todo lo demás se encarga la Conciencia.*

- *La mente no es el cerebro. El cerebro no piensa. Los pensamientos proceden de la mente.*

- *Tu mente está hecha por completo de pensamientos. Si no hay pensamiento, no hay mente.*

- *La mayoría de la gente da crédito a sus pensamientos como si fueran hechos incontestables, lo que explica por qué la vida resulta tan estresante y difícil para tantas personas.*

- *Son los pensamientos negativos los que te causan estrés y sufrimiento. Así pues, debes ser especialmente consciente de esos pensamientos negativos.*

- *Cuando creemos nuestros pensamientos, nos vemos atrapados de inmediato en una película de ficción que tiene lugar dentro de nuestra cabeza, y dejamos de experimentar el mundo tal y como es.*

- *Los pensamientos son la causa de nuestros sentimientos, que, a su vez, causan otros pensamientos.*

- *La mente no tiene nada de malo; lo malo es que nos creamos sus pensamientos negativos.*

- *El que se enoja, sufre, se preocupa, se angustia o se desilusiona no es tu verdadero ser. Es tu mente.*

- *La mente solo contiene tres clases distintas de pensamientos. La mente mide, compara y describe.*

- *Una de las mayores mentiras de las que nos ha persuadido nuestra mente es que somos cuerpo y mente.*

- *Otro relato del que nos ha convencido la mente es el del tiempo. El tiempo es una ilusión: un concepto creado por la mente.*

- *Lo único que existe realmente es el momento presente. Pasado y futuro solo existen en forma de pensamiento.*

- *No hace falta que aniquiles tu mente o que le declares la guerra. La Conciencia es tu vía de salida para desprenderte de la confusión y el tumulto de la mente.*

- *Cuando observas tus pensamientos en lugar de extraviarte en ellos, te das cuenta de lo que son: algo ajeno a ti que puedes optar por creer o no creer.*

COMPRENDER EL PODER DE LOS SENTIMIENTOS

Es posible vivir sin que los sentimientos negativos te zarandeen. Cuando vives desde la Conciencia que eres, esos sentimientos negativos no te afectan como te afectan ahora. Tu verdadero ser es felicidad pura en todo momento y en cualquier circunstancia. Tal vez te cueste creer que puedas poner fin a los sentimientos negativos que influyen sobre tu ánimo, pero pronto descubrirás por ti mismo que sí puedes.

«Los sentimientos negativos son destructivos. Nuestro verdadero ser es constructivo».

Mi maestra

Gracias a que practico los métodos que contiene este libro, ya no sufro de sentimientos negativos extremos. Si alguno aflora, es bastante suave, lo noto enseguida y se disuelve al instante. Antes, mis sentimientos negativos me zarandeaban como si de repente me viera atrapada en un huracán. Pero desde que descubrí El Secreto, soy consciente de cómo me siento en todo momento. Y ser consciente de lo que sientes es un paso más, como verás por ti mismo, para disolver definitivamente los sentimientos negativos. Cuando te liberas de todos los sentimientos negativos, lo que queda es la Conciencia Infinita que eres, y tu vida se vuelve absolutamente maravillosa.

«En cuanto te das cuenta de lo sencillo que es el camino más elevado de la vida, cuesta un tremendo esfuerzo asumir lo contrario».

Lester Levenson

Entender qué son de verdad los sentimientos ayuda a disminuir el poder que tienen sobre ti.

Los sentimientos, igual que las sensaciones y los pensamientos, son simples movimientos de energía. La energía vibra, lo que significa que los sentimientos, como los pensamientos, también vibran. Los distintos sentimientos vibran a distinta frecuencia. Los buenos sentimientos vibran a frecuencia más alta, son beneficiosos para el cuerpo e influyen positivamente en las circunstancias que rodean tu vida. Tus sentimientos positivos también son beneficiosos para otros seres y para el planeta en general. Los negativos vibran a baja frecuencia y son perjudiciales para el cuerpo, para tus circunstancias vitales, para otros seres y para el planeta. Pero ¿de dónde proceden los sentimientos?

Los pensamientos crean sentimientos. Cada tipo de pensamientos se corresponde con los sentimientos que crea. Al tener pensamientos felices, te sientes feliz. Y cuando te sientes feliz, no puedes tener al mismo tiempo pensamientos coléricos. Los pensamientos felices generan sentimientos de felicidad, que a su vez crean pensamientos felices. Igualmente, si te sientes enojado es porque has tenido pensamientos de enojo. Sentimiento y pensamiento siempre coinciden; son dos caras de una misma moneda.

Si surge un problema y te dejas dominar por pensamientos y sentimientos negativos, es muy probable que ese día todo te salga mal. En cambio, cuando te sientes bien, una cosa buena sigue a otra y tienes un día estupendo. Lo que sientes dentro de ti coincide a la perfección con lo que experimentas en el mundo que te rodea.

«Ahora sabes que nada procede del exterior y que todo lo que existe fue primero pensamiento y sentimiento en el interior».

De El Secreto

Sentimientos Positivos

¿Te has fijado en que los sentimientos positivos no requieren ningún esfuerzo? Cuando te sientes bien, te notas ligero como una pluma y pareces tener una reserva ilimitada de energía. Si prestas atención a cómo te sientes, notarás los efectos positivos que esos buenos sentimientos tienen sobre tu cuerpo y tu mente.

Sentirte bien no significa que tengas que ser como una animadora en un partido de baloncesto y ponerte a dar brincos de alegría. Como sin duda sabes por experiencia, si te exaltas en exceso, toda tu energía se disipa y después estás agotado.

Sentirse bien es como te sientes al final de un día importante en el que todo ha salido a pedir de boca, o cuando te relajas en vacaciones, o cuando has estado haciendo ejercicio y, después de darte una ducha, te sientas a disfrutar de una buena cena o de tu serie favorita. Estás a gusto y experimentas una sensación de alivio. Te dejas ir y sientes una felicidad apacible. Ya sabes, esos momentos en que dices: «¡Ahhh, qué a gusto se está aquí!». Eso es sentirse bien. Si pudieras dejar de aferrarte a las cosas con todas tus fuerzas, te sentirías automáticamente así de bien, porque sentirte bien es tu verdadera naturaleza. De hecho, cada vez que te sientes bien es porque te has liberado de malos sentimientos y has dejado que los buenos afloren de manera natural.

«Los buenos sentimientos son para disfrutarlos. Son la expresión de la alegría y nos devuelven a la alegría, que es nuestra auténtica naturaleza. Disfrútalos sin más; fúndete con ellos».

Francis Lucille, de Flores del silencio

Los sentimientos positivos y beneficiosos son el resultado de decir sí a lo que te pasa en la vida. Surgen cuando dices «sí, quiero», «sí, sería estupendo», «sí, qué bien», «sí, me encanta» o «sí, me parece genial».

Los pensamientos positivos o buenos no plantean ningún problema. A fin de cuentas, la felicidad y los sentimientos positivos proceden de la Conciencia. Disfruta de ellos, sácales todo su jugo y enamórate de ellos.

Sentimientos Negativos

Los sentimientos negativos son resultado de pensar o decir no a algo que está pasando. Surgen cuando dices «no, no quiero esto». Puede que sea algo doloroso que ha dicho o hecho otra persona; un desacuerdo con alguien, o una circunstancia, grande o pequeña, que no sale como tú querías: tener una discusión; llegar tarde; un problema de salud; una ruptura sentimental; deudas que se acumulan; perder el teléfono; un atasco; un envío que no llega; algo que no encuentras; que haga mucho calor o mucho frío; las medidas del gobierno; un vuelo cancelado o retrasado; no encontrar aparcamiento, o tener que guardar una cola muy larga en el aeropuerto, en el banco o en el supermercado.

Cuando piensas o dices «¡no, no quiero esto!», generas inmediatamente dentro de ti una resistencia que produce sentimientos adversos. Y luego, como si no bastara con que nos resistiéramos a una situación concreta, vamos un paso más allá y nos resistimos también a esos sentimientos. Al final, nos sentimos aún peor, atrapados en una red de sentimientos negativos que no tienen su origen en lo que está pasando fuera, sino en nuestras propias reacciones. Nuestra resistencia a lo que está ocurriendo y nuestros sentimientos negativos no solo nos amarran firmemente a la situación que rechazamos, sino que además agotan nuestra energía física e incluso afectan a nuestro sistema inmune.

«Entristecerse por algo es aferrarse a ese algo. Di "tengo que desprenderme de esto" y enseguida te sentirás mejor».
Lester Levenson, de Happiness Is Free, *vol. 1-5*

Los sentimientos positivos no suponen ningún esfuerzo porque son la verdadera naturaleza de la Conciencia. Estamos hechos de sentimientos positivos; somos alegría, felicidad y amor. Los sentimientos negativos exigen una enorme cantidad de energía para mantenerse, de ahí que estemos agotados si tenemos un mal día y perdemos los nervios. Los arrebatos de emociones negativas, como cuando tenemos un ataque de ira, nos dejan exhaustos porque producirlos y mantenerlos cuesta muchísimo esfuerzo. Y es tan agotador porque se trata de algo ajeno a nuestro verdadero ser. En el momento en que experimentamos algún sentimiento adverso, estamos luchando contra lo que somos de verdad.

«El mantenimiento del "yo" demanda muchísima energía».
Peter Lawry

«Ser una persona exige un montón de energía. Ser tú mismo no exige ninguna».
Mooji

«Cuando te desprendes suficientemente del ego, sientes de manera natural la paz y el deleite de tu verdadero Ser».
Lester Levenson, de Happiness Is Free, *vol. 1-5*

Los sentimientos positivos y beneficiosos se dan de forma natural en ausencia de sentimientos negativos. Para tener sentimientos positivos no es necesario hacer ningún esfuerzo. Lo único que tienes que hacer es desprenderte de los malos sentimientos. De ese modo te sentirás a gusto y feliz con toda naturalidad.

«Amar es muy fácil; odiar, en cambio, exige muchísimo esfuerzo».
Lester Levenson, de Happiness Is Free, *vol. 1-5*

Sentimientos soterrados

«Gran parte del lastre emocional que acarreas empezó siendo un sentimiento rechazado».
Jon Frazier, de The Freedom of Being

Desde la infancia, reprimimos sin darnos cuenta infinidad de sentimientos negativos que quedan almacenados en nuestro subconsciente. Esos sentimientos adversos enterrados en la mente subconsciente minan nuestras energías y nuestra existencia. Toda esa energía queda atrapada en el cuerpo, y es esa energía atrapada la que desestabiliza nuestra salud física y nuestras circunstancias vitales.

Los sentimientos negativos o adversos son los únicos que reprimimos o soterramos, de modo que sentimientos negativos y sentimientos reprimidos son en realidad lo mismo. La ira que sientes cuando te enfadas es ira reprimida que surge de lo más hondo de tu interior.

Los sentimientos reprimidos llevan aparejados muchos pensamientos negativos, que son la suma de los pensamientos que hicieron que nos sintiéramos mal en un principio y de los que hemos tenido desde entonces, conectados con ese sentimiento adverso. Los pensamientos vinculados al sentimiento reprimido nos mantienen atrapados dentro de la mente al reciclarse constantemente, lo que no solo es nocivo para nuestra existencia, sino que además nos impide cobrar conciencia de nuestro verdadero ser.

Los bebés y los niños menores de tres años no reprimen sus emociones porque viven de manera espontánea su verdadera naturaleza consciente y, por tanto, liberan automáticamente sus emociones. Por eso pueden pasar de la sonrisa al llanto y a la carcajada en cuestión de segundos. Porque no se resisten a ninguna emoción.

«En el momento en que se nos etiqueta como adultos, tenemos ya tanta práctica en reprimirnos que casi siempre lo hacemos de manera automática, sin darnos cuenta. Reprimirnos se nos da igual de bien o incluso mejor de lo que se nos daba dejarnos llevar por nuestras emociones en un principio. De hecho, hemos reprimido una parte tan importante de nuestra energía emocional que todos somos un poco como bombas de relojería andantes. A menudo ni siquiera sabemos que hemos reprimido nuestras reacciones emocionales espontáneas hasta que es ya demasiado tarde y nuestro cuerpo comienza a evidenciar síntomas de enfermedades relacionadas con el estrés, se nos encorvan los hombros y tenemos el estómago hecho un nudo, o estallamos y decimos o hacemos algo de lo que luego nos arrepentimos».
Hale Dwoskin, de El método Sedona

Cuando tienes una experiencia adversa que te genera malos sentimientos, esos sentimientos acaban reprimidos y enterrados en tu interior, a no ser que consigas desprenderte de ellos por completo.

Incluso cuando crees que te has desahogado o que la situación que te causó enfado o disgusto se ha resuelto, el sentimiento negativo permanece dentro

de ti, reprimido en la mente subconsciente, a menos que te deshagas deliberadamente de él.

«Expresar los sentimientos negativos permite dar salida a la presión interior
justa para que lo que queda de esos sentimientos pueda luego reprimirse. Es
muy importante entender esto, porque hoy en día muchas personas creen que
se liberan de sus sentimientos al expresarlos. Y ocurre exactamente lo contrario».
Dr. David R. Hawkins, de Dejar ir: el camino de la liberación

Así pues, la respuesta no es desahogarse o desfogarse. Eso solo añade más
energía a una emoción ya reprimida, porque los sentimientos expresados
también se reprimen.

A veces también reprimimos *premeditadamente* nuestros malos sentimientos y
los enterramos así en el subconsciente. Reprimimos adrede nuestras emociones cuando rechazamos sentimientos que nos incomodan, como el pesar o la
tristeza, o cuando sofocamos emociones como la ira.

«La represión consiste en ponerles una tapa a nuestras emociones, en relegarlas,
negarlas, suprimirlas y fingir que no existen. Cualquier emoción de la que
cobramos conciencia y de la que no nos desprendemos queda automáticamente
almacenada en una parte de nuestra mente llamada subconsciente. Una forma
importante de reprimir nuestras emociones es huir de ellas».
Hale Dwoskin, de El método Sedona

Imagínate que te llevas una desilusión con un familiar o un amigo. Opinas
que esa persona te ha dejado en la estacada y te ha decepcionado; ese sentimiento de decepción permanece reprimido dentro de ti, y la presión de esa
energía emocional reprimida va creciendo hasta que se hace necesario libe-
rarla en parte. La decepción reprimida tiene que encontrar una espita de salida para descargar al cuerpo de esa presión, y necesita encontrar personas,

circunstancias o acontecimientos que te decepcionen para dar rienda suelta a parte de esa energía acumulada. Lo mismo puede decirse de todos los sentimientos negativos que has reprimido a lo largo de tu vida, y la mayoría de nosotros hemos reprimido toda la gama de los sentimientos negativos. Si lo has sentido, es que también lo has reprimido.

Si alguna vez te has enfadado, sabrás que el enfado estaba ya dentro de ti, reprimido. Si no lo tuvieras ya reprimido, no podrías enfadarte por nada. Así que, cada vez que te enfadas, el que aflora es ese enfado primero que sentiste y reprimiste en su momento. Y sucede lo mismo con todos los sentimientos negativos, ya sean de ira, frustración, irritación, rencor, odio, depresión, pena, desánimo, celos, culpa, vergüenza, impaciencia, desilusión, decepción, fastidio o agobio. Lamentablemente, cuando éramos niños reprimíamos muchos sentimientos negativos porque, inocentes como éramos, nos resultaban demasiado dolorosos para poder manejarlos. Luego la vida siguió y nos habituamos a rechazar nuestros sentimientos en lugar de dejarlos ser. Así pues, llevamos seguramente toda la vida reprimiendo o sofocando malos sentimientos.

Tu mente ocultará la causa real de un sentimiento negativo utilizando la proyección para convencerte de que ese sentimiento lo ha causado algo que ha sucedido en tu entorno.

«[La mente] culpa a los acontecimientos o a otras personas de "provocar" un sentimiento y se ve a sí misma como una víctima inocente y desvalida frente a causas externas. "Me han hecho enfadar"; "me ha dado un disgusto"; "me ha asustado"; "lo que está pasando en el mundo me produce ansiedad". En realidad, ocurre justo lo contrario. Los sentimientos reprimidos y sofocados buscan una espita de salida y se sirven de los acontecimientos como detonadores y pretextos para airearse. Somos como ollas a presión listas para soltar vapor cuando surge la ocasión. Nuestros disparadores están siempre preparados para activarse. En psiquiatría, se denomina desplazamiento a este mecanismo. Si los hechos externos nos "hacen" enfadar, es porque ya estamos enfadados».

Dr. David R. Hawkins, de Dejar ir: el camino de la liberación

¿No te sientes igual que una olla a presión cuando un mal sentimiento como la ira se apodera de ti de repente? Puede que conozcas a alguien que sufre ataques de ira frecuentes; esos ataques se deben a que esa persona tiene mucha ira reprimida, probablemente desde sus primeros años de vida. Es muy posible que además crea que son otras personas o circunstancias las que provocan sus arrebatos, pero no hay duda de que la única causa es su ira reprimida.

«Las causas del "estrés" son en realidad internas, no externas, como a la gente le gustaría creer. La rapidez con la que se reacciona con temor, por ejemplo, depende del miedo que se tenga acumulado previamente; los estímulos exteriores actúan como disparadores de ese miedo acumulado. Cuanto más miedo tenemos dentro, más se ve alterada nuestra percepción del mundo y más fácil es que adoptemos una actitud temerosa y desconfiada ante nuestro entorno. Para la persona miedosa, el mundo es un lugar aterrador. Para la persona colérica, es una maraña de frustración y agravios. Para la persona culpable, el mundo está lleno de tentación y pecado, porque eso es lo que ve por todas partes. Lo que albergamos dentro colorea nuestro mundo. Si nos desprendemos de la culpa, veremos inocencia; en cambio, una persona cargada de culpabilidad solo ve maldad».

Dr. David R. Hawkins, de Dejar ir: el camino de la liberación

Así pues, la próxima vez que notes que un sentimiento negativo se apodera de ti, recuerda que, aunque te parezca lo contrario, estás experimentando ese sentimiento porque ya estaba dentro de ti, no porque lo haya provocado otra persona o una circunstancia externa.

Lo lógico sería que tuviéramos esto claro, ¿no? A fin de cuentas, sabemos por experiencia propia que los malos sentimientos surgen de dentro de nuestro cuerpo. Nadie ha ido nunca andando tranquilamente por la calle y de repente ha tenido que ponerse a esquivar los sentimientos negativos que se le echaban encima. Nunca encontrarás un sentimiento negativo fuera de tu cuerpo, ni del cuerpo de otra persona. Es nuestra reacción a una persona, circunstancia o hecho lo que causa ese sentimiento, no la persona, circunstancia o hecho concretos.

Cariño, Me He Encogido a Mí Mismo

Los sentimientos negativos adquieren aún más energía cuando nos identificamos con ellos y creemos que somos eso. ¿Cómo vamos a ser un sentimiento? Cuando nos identificamos con una emoción concreta, es porque hemos empequeñecido nuestro Ser Infinito. Ello se debe a que estamos permitiendo que nos domine un sentimiento mezquino e insignificante.

«Los pensamientos y las emociones parecen poderosos porque nosotros les prestamos energía. Cuando dejamos que suban y bajen solos, pasan sin más».
Kalyani Lawry

«Faltamos a la verdad cuando decimos "estoy triste". Deberíamos decir más bien: "en este momento, un sentimiento de tristeza fluye a través de mí". Si dejamos que el sentimiento de tristeza fluya sin más, automáticamente y sin saberlo nos posicionamos en lo que se mantiene constante».
Francis Lucille, de Flores del silencio

Pregúntate: ¿eres el sentimiento de tristeza o eres quien es consciente de la tristeza?
Eres quien es consciente de la tristeza.
¿Estabas ya aquí antes de que apareciera la tristeza?
Sí, no hay duda.
¿Seguirás aquí cuando pase la tristeza?
Confío en que sí.
¿Perderás algún pedacito de tu ser cuando desaparezca la tristeza?
Seguramente no.

Sí, ya estabas aquí antes de que apareciera la tristeza y sí, sigues aquí después de que pase, completamente intacto, porque no eres tristeza. La tristeza es *algo de lo que eres consciente*. No eres tú, en absoluto. ¡No dejes que un sentimiento te empequeñezca hasta hacerte del tamaño de un guisante, cuando eres el Ser Infinito que sostiene el Universo!

«Deja de hacer como si fueras pequeñito e insignificante. Eres el universo en movimiento extático».
Rumi

Mi maestra me sugirió que me cuestionara cada sentimiento negativo preguntándome:

«¿Soy eso o soy la que es consciente de eso?».

Esta pregunta resta inmediatamente todo su poder al sentimiento, porque impide que te identifiques con él.

«Observa que pensamientos y sentimientos son como un tren que entra en una estación y luego se va. Sé como la estación, no como un pasajero».
Rupert Spira, de Las cenizas del amor

Fíjate en que los sentimientos aparecen y luego desaparecen, y que eres tú, como Conciencia, quien percibe sus idas y venidas.

«Los sentimientos negativos están dentro de ti, no en la realidad de fuera. Nunca te identifiques con ese sentimiento, que no tiene nada que ver con el "Yo". No definas tu ser esencial conforme a ese sentimiento. No digas "estoy deprimido". Si quieres decir "hay desánimo", de acuerdo. Si quieres decir "la depresión está ahí", bien. Si quieres decir "el desánimo está presente", estupendo. Pero no digas "estoy desanimado", porque entonces te estás definiendo conforme a ese sentimiento. Ese es el espejismo en el que caes; ese es tu error. Hay una depresión ahí, ahora mismo. Hay sentimientos dolorosos, sí. Pero déjalos que estén ahí, déjalos en paz. Ya pasarán. Todo pasa, todo».

Anthony de Mello, S.J., de Awareness: Conversations with the Masters

«Dile a tu mente: "Estrésate o deprímete todo lo que quieras. Yo solo voy a observarte o a ignorarte, pero no voy a seguirte la corriente"».

Mooji

Trabajo Interior

«Imagínate a un paciente que va al médico y le cuenta qué es lo que le pasa, y el médico le dice: "Muy bien, ya comprendo sus síntomas. ¿Sabe qué voy a hacer? ¡Voy a recetarle un medicamento a su vecino". Y el paciente contesta: "Muchísimas gracias, doctor, ya me siento mucho mejor". ¿Verdad que es absurdo? Pues eso es lo que hacemos todos. El que aún no ha despertado, piensa siempre que se sentirá mejor si otra persona cambia. Sufres porque estás dormido, pero te dices: "Qué estupenda sería la vida si fulanito cambiara; qué estupendo sería todo si mi vecino, mi mujer o mi jefe cambiaran"».

Anthony de Mello, S.J., de Awareness: Conversations with the Masters

No confíes en que la gente, las circunstancias o los acontecimientos cambien para sentirte mejor, porque no van a cambiar. Nunca serás feliz si esperas a que el mundo cambie según tus deseos o tus expectativas. Para cambiar cómo te sientes en cualquier momento dado es necesario un trabajo interno.

«Dedicamos todo nuestro tiempo y energía a intentar cambiar circunstancias externas. Tratamos de que nuestras parejas, jefes, amigos, enemigos y todos los demás cambien. Pero no tenemos que cambiar nada. Los sentimientos negativos están dentro de ti. Ninguna persona sobre la faz de la tierra tiene el poder de hacerte infeliz. Pero nadie te lo ha dicho; te han dicho lo contrario».

Anthony de Mello, S.J., de Awareness: Conversations with the Masters

Los sentimientos negativos nos los autoinfligimos. Somos nosotros mismos quienes nos provocamos estrés y angustia, aunque queramos creer que ese estrés y esa angustia son producto del mundo que nos rodea.

«Los actos de los demás no tienen el poder de otorgarte o negarte la paz».

Jac O'Keeffe

«Ningún acontecimiento justifica un sentimiento negativo. No hay ninguna circunstancia en el mundo que justifique un sentimiento negativo. Es lo que todos los místicos llevan gritando desde siempre hasta ponerse roncos. Pero nadie los escucha. El sentimiento negativo está en ti».

Anthony de Mello, S.J., de Awareness: Conversations with the Masters

Es una *buena noticia* que los sentimientos negativos nos los inflijamos nosotros mismos, porque eso significa que podemos dejar de hacerlo. Cuando esos malos sentimientos nos hacen sufrir, necesitamos encontrar una escapatoria. No hay nada como la infelicidad y la desdicha para impulsarnos a buscar una salida. Pero lo mejor de todo es que hay una manera muy sencilla de eliminar para siempre los malos sentimientos.

CAPÍTULO 6 *Resumen*

- Cuando te liberas de todos los sentimientos negativos, lo que queda es la Conciencia Infinita que eres, y tu vida se vuelve absolutamente maravillosa.

- Los pensamientos crean sentimientos. Cada tipo de pensamientos se corresponde con los sentimientos que crea.

- Lo que sientes dentro de ti coincide a la perfección con lo que experimentas en el mundo que te rodea.

- El bienestar es tu verdadera naturaleza. Cada vez que te sientes bien, es porque te has liberado de malos sentimientos y has dejado que los buenos afloren de manera natural.

- Los sentimientos positivos y beneficiosos son el resultado de decir sí a lo que te pasa en la vida. Los sentimientos negativos son resultado de pensar o decir no a algo que está pasando.

- Los sentimientos positivos no suponen ningún esfuerzo porque son nuestra verdadera naturaleza. Los sentimientos negativos, en cambio, requieren una enorme cantidad de energía para sostenerse.

- Desde la infancia, reprimimos sin darnos cuenta infinidad de sentimientos negativos que quedan almacenados en nuestra mente subconsciente.

- Cuando tienes una experiencia adversa que te genera malos sentimientos, esos sentimientos acaban reprimidos y enterrados en tu interior, a no ser que consigas desprenderte de ellos por completo.

- *Desahogarse o desfogarse no es la solución. Eso solo añade más energía a una emoción ya reprimida, porque los sentimientos expresados también se reprimen.*

- *Un sentimiento reprimido busca siempre una espita de salida para descargar al cuerpo de presión, y necesita encontrar personas, circunstancias o acontecimientos que permitan que se libere parte de esa energía acumulada.*

- *La próxima vez que notes que un sentimiento negativo se apodera de ti, recuerda que, aunque te parezca lo contrario, lo estás experimentando porque ya está dentro de ti, no porque lo haya provocado otra persona o una circunstancia externa.*

- *Los sentimientos negativos adquieren aún más energía cuando nos identificamos con ellos.*

- *Cuestiónate cada sentimiento negativo preguntándote: «¿Soy eso o soy quien es consciente de eso?».*

- *Fíjate en que los sentimientos aparecen y luego desaparecen, y que eres tú, como Conciencia, quien percibe sus idas y venidas.*

- *No esperes que la gente, las circunstancias y los acontecimientos cambien para sentirte mejor, porque no van a cambiar. Para cambiar cómo te sientes en cualquier momento dado es necesario un trabajo interno.*

El Fin de los Sentimientos Negativos

«Lo único que se interpone entre tu auténtico ser y tú es una idea o un sentimiento. Es muy sencillo».

Mi maestra

La felicidad es tu estado natural, así que, si ahora mismo no eres feliz, es porque un sentimiento negativo impide que la felicidad se manifieste dentro de ti. En este capítulo encontrarás diversos ejercicios que te ayudarán a poner fin a esos sentimientos negativos que te mantienen atrapado en su bucle infinito. Cuando te liberes de ellos, vivirás por fin en tu estado natural de pura alegría y felicidad; llevarás una vida espectacular, muchísimo mejor de la que has llevado hasta ahora.

«Lo primero que tienes que hacer es conectar con los sentimientos negativos de los que no eres consciente. Mucha gente tiene sentimientos negativos que desconoce. Está deprimida y no lo sabe. Solo cuando entra en contacto con la felicidad, se da cuenta de lo deprimida que estaba. Lo primero es, por tanto, cobrar conciencia de tus sentimientos negativos. De la tristeza, por ejemplo. Te sientes triste y malhumorado. Te odias a ti mismo o te culpas. Sientes que la vida carece de sentido, que es absurda. Estás dolido, nervioso o tenso. En primer lugar, entra en contacto con esas emociones».

Anthony de Mello, S.J., de Awareness: Conversations with the Masters

No hace falta que le pongas nombre al sentimiento negativo que experimentas, porque a veces resulta difícil señalar exactamente qué es lo que estás sintiendo. Lo único que tienes que saber es que, si ese sentimiento no es de dicha, es un sentimiento negativo y que, por tanto, te está lastrando e impidiéndote vivir en felicidad constante.

Toma conciencia del sentimiento negativo sin resistirte a él, sin expresarlo y sin juzgarlo en modo alguno, y reconoce que no es más que un sentimiento. No hagas intento de cambiarlo. Cuando dejas de querer anular el sentimiento y de resistirte a él, la energía se disipa y el sentimiento puede desaparecer.

«Si dejas de oponer resistencia a una emoción, esa emoción no se sostiene».
Rupert Spira, de la charla "Rest in Your Being"

Nos hemos convencido a nosotros mismos de que al resistirnos a los sentimientos negativos los hacemos desaparecer, cuando en realidad nos estamos abocando a experimentarlos una y otra vez. Como decía el psiquiatra Carl Jung, «aquello a lo que te resistes, persiste». Deja de ofrecer resistencia y cualquier sentimiento negativo, por fuerte que sea, pasará rápidamente a través de tu cuerpo.

Mi maestra me enseñó que, cuando apoyas la palma de la mano contra la de otra persona y los dos empujáis a la vez, notas una resistencia. Si la otra persona deja de empujar, las dos manos caen. Si puedes, haz la prueba con un amigo o un familiar, porque lo verás muy claramente. Es justo lo que sucede cuando dejas de resistirte a una emoción negativa: que cae y desaparece.

Para dejar de resistirte a un sentimiento negativo, tienes que *dejar* que ese sentimiento se haga presente sin tratar de cambiarlo. Limítate a *observarlo*.

Relájate y no te tenses, porque la tensión es resistencia. Paradójicamente, te desprendes del sentimiento al relajarte y permitir que esté ahí, sin querer alterarlo ni librarte de él, sin desear que sea distinto o hacer nada al respecto. Deja simplemente que esté ahí; eso hará que su energía se disipe. Es justo lo contrario de lo que hemos hecho siempre, lo que explica por qué tenemos tantas emociones negativas reprimidas.

«La resistencia es muy traicionera. Es uno de los principales obstáculos que nos impide tener, hacer y ser lo que queremos en la vida».
Hale Dwoskin, de El método Sedona

La energía que se esconde detrás de un sentimiento negativo se disipa de manera natural cuando dejas que ese sentimiento se haga presente. Es un proceso automático. Lo único que tienes que hacer es cobrar conciencia de ese sentimiento, dejar que se manifieste y no tratar de apartarlo, cambiarlo, controlarlo o deshacerte de él. Cuando dejas que se haga presente por completo, su energía se disipa rápidamente y al mismo tiempo se lleva consigo un buen pedazo de ese sentimiento reprimido. Por ejemplo, si no te resistes a un sentimiento de enfado cuando aparece y dejas que se haga presente, te atravesará rápidamente y pasará, llevándose consigo parte del enfado primigenio que reprimiste en tus primeros años de vida.

«No les tengas miedo a los sentimientos. Deja que broten y que se liberen».
Shakti Caterina Maggi

Cuando notamos un sentimiento y permitimos que sea tal y como es, dejamos de sofocarlo y reprimirlo. Por fin empezamos a liberar ese sentimiento anulado. Hasta un arranque de ira extremo puede disiparse en menos de un minuto con solo cobrar conciencia de él, dejar que esté ahí y no oponerle resistencia.

«Cuando te identificas poderosamente con emociones negativas en lugar de limitarte a observarlas, esas emociones pueden agotar muy deprisa tus reservas de energía. Al permanecer presentes y aprender a no identificarnos con esas emociones, podemos recuperar el control de nuestras reservas de energía y emplearlas en mejorar nuestra experiencia vital».

David Bingham

Los ejercicios que propongo a continuación son el método más eficaz que conozco para liberar definitivamente los sentimientos negativos, incluidos todos los sentimientos reprimidos que hayas acumulado a lo largo de tu vida. Cuando hayan desaparecido, los sentimientos negativos no volverán a afectarte como antes y tu salud mejorará a ojos vista, igual que tu situación económica, tus relaciones personales y tu vida en general. Y lo que es mejor aún: en cuanto los sentimientos negativos desaparezcan por completo, te instalarás sin ningún impedimento en la alegría y la felicidad de la Conciencia Infinita. Todo lo que desees se hará realidad sin ningún esfuerzo. Tendrás la experiencia de ser un humano y al mismo tiempo serás la Conciencia Infinita que constituye tu verdadero ser.

«Cuando todo lo que puede disiparse se disipa, lo que queda es lo que deseamos por encima de todo lo demás».

Rupert Spira, de Las cenizas del amor

Acoger con los Brazos Abiertos

Francis Lucille, físico de formación y maestro excepcional, denomina «acogida» a su técnica para liberar los sentimientos negativos. La acogida es uno de los ejercicios más eficaces que he hecho. Elimina los sentimientos negativos de una vez por todas. (Conviene advertir, además, que la situación o las circunstancias que dieron lugar al sentimiento negativo en origen también cambiarán cuando acojas ese sentimiento. Ello se debe a que te desprendes de la percepción que tenías de esa situación).

Acoger es lo contrario de resistirte. Al resistirte a un sentimiento negativo, estás diciendo: «¡No, no quiero esto!». En cambio, al acogerlo dices: «Sí, aquí eres bienvenido». La Conciencia siempre lo acoge todo con los brazos abiertos. Ningún sentimiento negativo, por intenso que sea, puede soportar la acogida de la Conciencia. De hecho, la acogida de la Conciencia disuelve todo lo negativo.

Parece un contrasentido acoger algo que no deseas, pero es la resistencia lo que hace que te aferres a eso que rechazas. La acogida, en cambio, hace que dejes de resistirte. Puede ser difícil no resistirse u oponerse a un sentimiento negativo, pero cuando amplías tu atención y das la bienvenida a ese sentimiento, la resistencia cesa como por arte de magia y el sentimiento negativo —que solo es energía— se disipa. La situación a la que te estabas resistiendo puede entonces cambiar.

Recuerda que ampliar tu atención es como abrir el encuadre de una cámara para dejar de enfocarte mentalmente en el detalle. Procura no centrarte en el sentimiento. Eso lo haría más fuerte, porque la mente *aumenta* todo aquello que enfoca. Percibe el sentimiento, pero no te enfoques en él. Deja que tu atención se ensanche.

El maestro Hale Dwoskin explica que, al principio, puede ser útil hacer el gesto de abrir los brazos al mismo tiempo que amplías tu atención. Abre los brazos como si fueras a dar la bienvenida con un abrazo a alguien a quien amas. Esto te ayudará a abrir el corazón (tenemos tendencia a mantener la zona del corazón siempre contraída, sin darnos cuenta). Abro conscientemente el corazón cuando doy la bienvenida a cualquier cosa que no deseo.

Mi maestra dice que, cuando damos la bienvenida y acogemos, estamos siendo nuestro verdadero ser, la Conciencia, porque somos acogedores por naturaleza. De hecho, la Conciencia Infinita que eres es tan acogedora que los sentimientos negativos no pueden sostenerse en su presencia. Es así de sencillo. Cuando acoges cualquier cosa negativa, estás permitiendo que se disuelva y vuelva a su origen: ¡a ti, Conciencia! De forma que, cuando das la bienvenida a un sentimiento negativo, estás conectando con tu poder infinito para disolverlo.

El maestro Francis Lucille dice que, al practicar la acogida, nos damos cuenta de que en realidad no es una actividad propiamente dicha, sino que más bien detiene otra actividad: la resistencia. Al principio pensamos que acoger es algo que hacemos activamente, pero, con la práctica, comprendemos que de hecho nos está *impidiendo* hacer algo que muchos hacemos de manera automática; es decir, resistirnos.

«El sentimiento se evapora porque solo es energía, de modo que, cuando surja un sentimiento, fíjate en que solo es energía y acógelo. Si ha surgido, es porque estás lista para liberarte de él».
Mi maestra

Lo que te Hace Daño, te Salva

Hace unos años, me encontré sumida en un estado de depresión. En aquel momento desconocía muchas de las cosas que cuento en este libro, pero por suerte sabía cuál era el origen de la depresión. Mi hija estaba muy enferma en ese momento y yo temía por su vida, y tenía un pensamiento aterrador tras otro. Dado que creía esos pensamientos angustiosos, en cuestión de unos meses caí en la depresión.

«Sentimientos como la ira o la tristeza solo tienen por objeto alertarte de que te estás creyendo las historias que tú mismo te cuentas».
Byron Katie, de Una mente en paz consigo misma

Para salir de la depresión, probé a tener pensamientos positivos y de gratitud, pero descubrí que nuestros pensamientos tienen muy poco poder cuando te hayas sumido en una depresión profunda. Es un mecanismo de seguridad que impide que nuestros pensamientos se hagan realidad cuando estamos hundidos en la desesperanza o la depresión. Así pues, dado que el método que solía utilizar para dar la vuelta a las cosas no servía en esta ocasión, tuve que buscar una alternativa.

Decidí que, si no podía superar la depresión mediante pensamientos positivos, dejaría de resistirme a ella, porque sabía que «a lo que te resistes, persiste». De modo que cerré los ojos y me concentré en el interior de mi cuerpo, donde parecía morar la depresión. Me abrí a esa nube negra para darle la bienvenida y abrazarla como si fuera una persona muy querida a la que hacía tiempo que no veía. Abrí el corazón y amé la depresión todo lo que pude, atrayéndola hacia mí. Durante unos segundos empeoró y luego, de repente, se hizo más y más ligera, hasta que se disolvió por completo. En cuestión de segundos había desaparecido, así como así. Fue un alivio maravilloso.

Unas horas después, el sentimiento de depresión regresó, pero era mucho menos intenso que antes. Apliqué el mismo procedimiento, y seguí así cada vez que reaparecía la depresión. Cuanto más hacía este ejercicio, más se debilitaba la depresión. En unos pocos días, se había disipado por completo.

«En el instante en que aceptas las dificultades que te salen al paso, se abre la puerta».
Rumi

No tengo ninguna duda de que no volveré a sufrir una depresión. Ese sentimiento ha abandonado mi cuerpo definitivamente.

Si yo he sido capaz de desprenderme de la depresión, tú puedes hacer lo mismo con cualquier sentimiento negativo. Cuando lo hagas por ti mismo, entenderás mucho mejor el proceso. Disolver un sentimiento negativo cuando está en su apogeo es lo más maravilloso del mundo. En lugar de resistirme al sentimiento de depresión, lo que solo conseguía empeorarlo y atarme a él, hice lo contrario. A mi manera, aunque en aquel momento no lo supiera, estaba acogiendo intuitivamente ese sentimiento negativo.

Desde entonces, utilizo esa misma técnica para desprenderme de cualquier sentimiento negativo que surge en mí, así como de los pensamientos negativos y de cualquier sensación física de dolor, como un calambre en el pie o una jaqueca. He descubierto que las sensaciones físicas pueden disiparse tan rápidamente como los sentimientos negativos cuando no te resistes a ellas.

Utiliza la técnica de acogida para cualquier cosa que te cause malestar: para cualquier pensamiento o discurso negativo, para las emociones negativas, las sensaciones o los recuerdos dolorosos y las convicciones limitadoras. Acogerlos y darles la bienvenida te libera de esa servidumbre emocional y hace posible que tu vida cambie a mejor en todos los aspectos.

«Cuando amamos nuestro odio, dejamos de odiar. El amor siempre vence. Amar el odio significa darle la bienvenida. No es que tengamos que hacer lo que nos dice, pero tampoco tenemos que reprimirlo. Cuando amamos el odio, nos sustraemos a la dinámica del odio y el amor da comienzo».

Francis Lucille, de Flores del silencio

Los sentimientos negativos como el miedo pueden ser terriblemente incómodos, o incluso aterradores, de ahí que muchos de nosotros hayamos adoptado el hábito de sofocarlos automáticamente en lugar de afrontarlos. Pero nos han engañado. Cuando dejamos que un sentimiento negativo se haga presente y lo acogemos sin tratar de apartarlo, ese sentimiento se intensifica y durante unos segundos puede resultar aterrador, pero luego desaparece por completo.

Cuando permites que un mal sentimiento esté presente y no lo reprimes, ese sentimiento no vuelve a ser igual de intenso nunca más. Lo has debilitado y está empezando a desaparecer. Si permites que se haga presente unas cuantas veces más, tu cuerpo se verá libre de él para siempre. Fíjate entonces en cómo la dicha embarga tu cuerpo y en cómo el bien inunda tu vida, con solo haber liberado un sentimiento negativo.

«A veces cedemos a un sentimiento y notamos que vuelve o que se prolonga. Ello se debe a que todavía no hemos cedido por completo a él. Hemos estado sofocando esos sentimientos toda la vida y puede que haya muchísima energía reprimida que necesita que la reconozcamos y que le demos salida. Cuando cedemos del todo, se da de inmediato un sentimiento de ligereza y de felicidad, casi un "colocón"».

Dr. David R. Hawkins, de Dejar ir: el camino de la liberación

El alivio que sientes cuando tu cuerpo libera sentimientos negativos es exquisito. Y con cada sentimiento negativo que se disipa, tu cuerpo se vuelve más ligero, tu vida es más fácil y sientes que tu felicidad se expande. Cuanto más lo hagas, más impulso cobrarás, y cada vez te será más fácil liberar sentimientos negativos. Llegará un momento en que la mayoría de los sentimientos negativos se disolverán al instante, porque los liberarás automáticamente en cuanto cobres conciencia de ellos. Ese es el poder infinito de la Conciencia.

«Liberar es como respirar: es algo natural. Como inhalar y exhalar».

Mi maestra

«Para eso son todos los sentimientos incómodos; para eso es el dolor; para eso es el dinero; para eso es todo en este mundo: para la autorrealización liberadora».

Byron Katie, de Amar lo que es: cuatro preguntas que pueden cambiar tu vida

Todo sentimiento negativo existe para conducirte de vuelta a tu verdadero ser. Esos sentimientos te advierten de que te estás creyendo historias que no son ciertas, de modo que puedas acogerlos y vivir en el esplendor de la Conciencia que eres en realidad. ¿Verdad que es paradójico que los sentimientos negativos, esos de los que intentamos librarnos a toda cosa, sean justamente los que nos liberan?

«Lo que te hace daño, te salva. La oscuridad es tu vela».

Rumi

Utiliza cada emoción negativa que surja como una oportunidad para liberarte definitivamente de esa emoción. Como decía mi maestra, una emoción
negativa solo surge cuando estás listo para liberarte de ella. Dale la bienvenida, acógela sin intentar cambiarla ni deshacerte de ella. Eres el Ser Infinito,
acogedor por naturaleza. Acoge todos los sentimientos negativos hasta que
te liberes de ellos para siempre.

«Se puede estar en un entorno muy apacible y sin embargo sentirse
atormentado, y se puede estar en un entorno peligroso, ruidoso y cargado
de negatividad y aun así estar completamente en paz».
Jan Frazier, de Opening the Door

¿Cómo acoges con los brazos abiertos los sentimientos en torno a temas
acerca de los que tienes una opinión muy firme, o a los que te opones rotundamente, como la crueldad con los animales?

Para conseguirlo, cobra conciencia de que esos malos sentimientos te están haciendo daño y no están solucionando nada. Acoge las sensaciones y emociones que ese tema pueda generarte, así como la desaprobación y los sentimientos de injusticia y rechazo. Sigue así hasta que dejes de sentir cualquier emoción o sensación al pensar en ese tema.

Quizá pienses que no quieres dejar de sentir rechazo hacia un tema en concreto porque entonces dejaría de importarte. Pero ese es el discurso de la mente, y no es cierto. De hecho, sucede todo lo contrario. Tu firme resistencia a un tema lo dota de poder y lo agranda al prestarle fuerza y energía. Así que, cuando liberas tus sentimientos negativos al respecto, estás disolviendo toda la energía que tienes concentrada en torno a ese tema y *restando poder* a las circunstancias que lo rodean. Sin esa emoción negativa, el amor y la compasión surgen de manera natural con poder irrefrenable y pueden obrar cambios inmensos en el mundo.

Deja que te hable de Lester Levenson. Lester alcanzó la iluminación al liberarse de todas sus emociones y creencias negativas a lo largo de un periodo de tres meses. Anteriormente había tenido muchos problemas de salud: depresión, migrañas, trastornos gastrointestinales, ictericia, hepatomegalia, cálculos renales, trastornos del bazo, hiperacidez estomacal, úlceras que le habían perforado el estómago y producido lesiones importantes y problemas coronarios.

Lester llamó «el Método Sedona» a su técnica para liberar emociones negativas y, gracias a la labor de uno de sus alumnos, Hale Dwoskin —al que cito tanto en *El Secreto* como en este libro—, este método sigue difundiéndose entre multitud de personas de todo el mundo.

«Me estaba desprendiendo de cosas y deshaciendo el infierno que yo mismo había creado. Al cuadrarlo todo con amor, al intentar amar en lugar de ser amado, y al aceptar la responsabilidad de todo lo que estaba sucediéndome; al encarar mi subconsciente y corregirlo, fui haciéndome cada vez más libre y sintiéndome más y más feliz».

Lester Levenson

«Piensa en un recuerdo doloroso de tu infancia, en un terrible pesar que permanezca oculto. Fíjate en la cantidad de pensamientos que se han acumulado durante años y años, asociados con ese hecho concreto. Si pudiéramos deponer ese sentimiento de dolor soterrado, todos esos pensamientos desaparecerían al instante y olvidaríamos ese acontecimiento».

Dr. David R. Hawkins, de Dejar ir: el camino de la liberación

Cuando liberamos o acogemos un sentimiento sofocado inducido por un recuerdo —da igual lo lejano que sea ese recuerdo—, los cientos y miles de pensamientos vinculados al recuerdo se liberan junto con el sentimiento. ¡No hay nada mejor! La ligereza, la dicha y el «subidón» que sientes cuando se disipan los sentimientos que acompañan a un recuerdo doloroso son indescriptibles, y además cambian por completo tu vida. Cuando los liberes, comprobarás que esos sentimientos reprimidos han estado afectando a tu salud física. Y cuando veas que tus circunstancias vitales empiezan a mejorar, como sin duda pasará, sabrás por experiencia que esos sentimientos estaban lastrando tu existencia.

Una vez hice este ejercicio utilizando un recuerdo doloroso de mi niñez que tenía grabado a fuego, y ahora ya no recuerdo cuál fue esa experiencia. Solo recuerdo que la liberé. Al disiparse el sentimiento de pesar que evocaba ese recuerdo, se llevó consigo todos los pensamientos asociados a él, hasta el punto de que el recuerdo mismo se desvaneció.

Los recuerdos dolorosos son una carga muy pesada que acarreamos. Nos impiden tener la vida que merecemos, y no son nuestro verdadero ser. Tú puedes liberarte de esos recuerdos dolorosos.

«Fíjate en el sentimiento que hay detrás de cada pensamiento y se disolverá. Es un mecanismo de autolimpieza. Utiliza esa disolución de sentimientos como un atajo para disolver centenares de pensamientos negativos acogiendo el sentimiento».

Mi maestra

Es estimulante saber que liberar un solo sentimiento negativo hará desaparecer centenares, incluso miles de pensamientos negativos. Al disolverse tus sentimientos negativos, desaparecen los pensamientos de duda, el cuestionamiento de la propia valía, la necesidad de contar con la aprobación de los demás, la inseguridad, la falta de confianza y todos los demás pensamientos negativos que te impiden tener una vida maravillosa y repleta de felicidad. Con cada sentimiento negativo que se disipe, tu vida se elevará más y más.

El Superejercicio

Quiero compartir contigo un ejercicio valiosísimo que me enseñó mi maestra y que me cambió la vida. Es un ejercicio que sigo practicando todos los días y que mezcla, de manera muy sencilla pero poderosa, las dos técnicas más importantes y decisivas que contiene este libro: la acogida y la permanencia como Conciencia. Mi maestra afirma que, mientras permaneces como Conciencia, en el cuerpo se pone en marcha automáticamente un mecanismo de autolimpieza. O sea que, mientras permaneces o descansas como Conciencia, la energía atrapada de todas las emociones negativas se desenreda automáticamente y se disipa, abandonando el cuerpo. A veces puedes sentir físicamente cómo se deshace la energía en torno a la zona del pecho.

Paso 1. Acoge Todo lo Negativo

Abre el corazón y acoge cualquier reacción adversa, sentimiento o pensamiento negativo, sensación dolorosa o problema en el instante en que aparezcan.

Paso 2. Permanece como Conciencia

Permanece como Conciencia ampliando el encuadre de tu atención como si fuera la lente de una cámara, para que no se enfoque en el detalle.

Dado que la Conciencia es acogedora de por sí, cuando lleves un tiempo practicando este Superejercicio comprobarás que estos dos pasos se funden en uno solo. En el momento en que acojas lo negativo, descubrirás que la Conciencia se hace presente de manera inmediata.

Desde que practico este ejercicio, he notado que las emociones y reacciones negativas se han vuelto mucho más débiles y se evaporan rápidamente. Incluso llegó un momento en que me encantaba que surgiera una emoción o una reacción negativa, porque así me acordaba de que debía acogerlas y permanecer como Conciencia, y además me sentía *de maravilla* cuando se disolvían.

Utilizo esta misma técnica cuando se me presenta una situación o una circunstancia adversa, o cualquier problema. Amplío mi atención, abro el corazón y acojo el sentimiento negativo que experimento respecto a esa situación, y luego permanezco como Conciencia tanto tiempo como puedo. (Una forma de mantenerse en la Conciencia que me parece muy eficaz es amar la Conciencia. Con solo amarla, le estás prestando toda tu atención). He comprobado que la situación negativa cambia enseguida después de esta práctica. Tiene que cambiar necesariamente, porque es nuestra resistencia la que nos mantiene vinculados a esa situación negativa.

«En el estado de conciencia, cesa todo sufrimiento».
Jan Frazier, de When Fear Falls Away

Hace un par de años, pasé por una situación que la mayoría de la gente consideraría profundamente angustiosa y estresante. Sin embargo, gracias a que acogí todo lo negativo y permanecí como Conciencia, esa situación no me afectó como me habría afectado antes de conocer y practicar estas técnicas.

Un incendio forestal amenazaba con arrasar el pueblo en el que vivía. Fui evacuada y tuve que abandonar mi casa, y sin embargo sentí una serenidad absoluta respecto a la seguridad de mi hogar. Sentía esa calma porque cualquier cosa que pasara me parecería bien. Me habían evacuado y, si perdía mi casa, estaba absolutamente segura de que sería para bien, y de que la vida necesitaba llevarme en esa dirección. El incendio estuvo fuera de control varias semanas, destruyendo todo lo que encontraba a su paso. Por fin se acercó a mi hogar y ardieron varias casas de la misma calle en la que vivía. Pero no sentí ningún temor, ni ansiedad respecto al posible resultado. Sabía que seguiría siendo feliz, pasara lo que pasase. Al no resistirme a lo que ocurriese, mi casa se mantuvo a salvo. Yo había acogido la situación y no me cabe ninguna duda de que la paz y la calma que sentí durante el incendio se debieron a que llevaba ya un tiempo practicando el ejercicio de acoger todo lo negativo.

«Me he dado cuenta de cuánto sufrimiento produce resistirse a los hechos presentes, o vivir en el pasado o en el futuro. Creo que antes no era consciente de cuánto sufría. Es como si durante cincuenta años hubiera estado golpeándome en la espinilla con un martillo, y luego el martillo se me hubiera caído de la mano».

Jan Frazier, de Opening the Door

Cada segundo que dedicas a liberarte de emociones negativas vale la pena. Yo me he sentido bien casi todo el tiempo desde que descubrí El Secreto en 2004, pero ahora vivo casi exclusivamente en un estado de dulce felicidad gracias a los saberes y las prácticas que comparto contigo en este libro.

¿Te imaginas, vivir un solo día sin emociones negativas que te afecten o, mejor aún, un mes entero o un año? Si no tuvieras emociones negativas, no tendrías pensamientos negativos que se opusieran a lo que deseas ¡y te convertirías en un imán para todo lo que deseas! Cuando tengas esta experiencia, sabrás que ese es el verdadero gozo de vivir.

CAPÍTULO 7 *Resumen*

- *La felicidad es tu estado natural, así que, si ahora mismo no eres feliz, es porque un sentimiento negativo impide que la felicidad se manifieste dentro de ti.*

- *Toma conciencia del sentimiento negativo sin resistirte a él, sin expresarlo y sin juzgarlo en modo alguno, y comprueba que no es más que un sentimiento.*

- *La energía que hay detrás de un sentimiento negativo se disipa de manera natural cuando dejas que ese sentimiento se haga presente. Es un proceso automático.*

- *La acogida es una práctica que elimina sentimientos negativos. Acoger es lo contrario de resistirse. Al acoger un sentimiento negativo, le estás diciendo: «Sí, aquí eres bienvenido».*

- *Al principio, puede ser útil hacer el gesto de abrir los brazos al mismo tiempo que amplías tu atención. También puedes abrir conscientemente el corazón.*

- *Utiliza la técnica de acogida para cualquier cosa que te cause malestar: para cualquier pensamiento o discurso negativo, para las emociones negativas, las sensaciones o los recuerdos dolorosos y las convicciones limitadoras.*

- *Cuando permites que un mal sentimiento se haga presente y no lo reprimes, ese sentimiento no vuelve a ser nunca igual de intenso.*

- *Todo sentimiento negativo existe para conducirte de vuelta a tu verdadero ser. Esos sentimientos te advierten de que te estás creyendo historias que no son ciertas, de modo que puedas acogerlos y vivir en el esplendor de la Conciencia que eres en realidad.*

- *Una emoción negativa solo surge cuando estás listo para liberarte de ella.*

- *Cuando liberas tus sentimientos negativos respecto a un tema del que tienes una opinión muy firme, estás disolviendo toda la energía que tienes concentrada en torno a ese tema y restando poder a las circunstancias que lo rodean.*

- *Cuando liberamos un sentimiento sofocado inducido por un recuerdo —da igual lo lejano que sea ese recuerdo—, los cientos y miles de pensamientos vinculados al recuerdo se liberan junto con el sentimiento.*

- *La ligereza, la dicha y el «subidón» que se siente al disiparse los sentimientos que acompañan a un recuerdo doloroso son indescriptibles.*

- *El Superejercicio*
  Paso 1. Acoge todo lo negativo.
  Paso 2. Permanece como Conciencia (amar la Conciencia es una forma de mantenerse en ella).

CAPÍTULO 8

NO MÁS
SUFRIMIENTO

«En resumidas cuentas: el sufrimiento es opcional».
Byron Katie, de Una mente en paz consigo misma

No tienes por qué sufrir. Y cuando vivas como lo que eres de verdad, es decir, como Conciencia, no volverás a sufrir. Quizá cueste imaginar una vida sin padecimiento, pero ten por seguro que tu vida puede ser así desde ahora mismo.

«El dolor es físico, pero el sufrimiento es mental».
Anthony de Mello, S.J.

«Tu yo más elevado no sufre. Tu yo corriente, en cambio, apenas sabe cómo dejar de sufrir».
Jan Frazier, de The Freedom of Being

El sufrimiento procede de la creencia en pensamientos negativos. Es, por tanto, autoimpuesto.

«Descubrí que, cuando daba crédito a mis pensamientos, sufría y, cuando no, no sufría, y lo mismo les sucede a todos los seres humanos. La libertad es así de sencilla».
Byron Katie, de Mil nombres para el gozo: vivir en armonía con las cosas tal como son

«Cuando sufres, tu sufrimiento está contenido en un solo pensamiento: "esto no me gusta". Dicho de otra manera, dejamos que un solo pensamiento endeble e insustancial estropee nuestra felicidad».
Rupert Spira, de la charla "Suffering Is Contained in a Single Thought"

La mente tiende a reaccionar ante las circunstancias diciendo «no, no, no», mientras que la Conciencia siempre responde «sí, sí, sí» a todo.

«¡La Conciencia dice "sí" al "no"!».
Mi maestra

Decir «no» te sujeta a lo que no deseas. Decir «sí» a lo que no deseas anula tu resistencia y permite que eso que no quieres cambie. Parece un contrasentido, pero es así como funciona. Cuando dices «no, no quiero esto», te estás resistiendo y, como sabemos ya, aquello a lo que te resistes persiste.

«Si permaneces en ese estado de aceptación, dejas de engendrar negatividad, sufrimiento, infelicidad. Vives, pues, en un estado de no resistencia, en un estado de gracia y ligereza, libre de toda lucha».
Eckhart Tolle, de El poder del ahora: un camino hacia la realización espiritual

«Soy un amante de lo que hay, no porque sea una persona muy espiritual, sino porque pelearse con la realidad duele».
Byron Katie, de Amar lo que es: cuatro preguntas que pueden cambiar tu vida

«Si pudieras desprenderte de toda resistencia en este preciso instante y no volver a resistirte nunca, con ese solo gesto te liberarías de una enorme carga de sufrimiento».
Jan Frazier, de The Freedom of Being

Si no nos resistimos a lo que ha ocurrido, no hay conflicto, y la energía aso-ciada a esa situación pasa. Si no nos resistimos a algo, ese algo no puede ins-talarse en nuestra vida. En cambio, si nos resistimos a lo que ha sucedido, nos anclamos a esa situación y continuamos sufriendo. Sailor Bob Adamson, un maestro maravilloso, aconseja permitir que las experiencias vayan y vengan sin juzgarlas.

«Lo que nos mantiene amarrados al sufrimiento psicológico es el aferrarse, el sujetarse, o la resistencia y el rechazo».
Peter Lawry, de la charla "No Separation"

«La mayoría de la gente se va a la tumba creyendo que es inevitable sufrir. ¡Qué pena que así sea! Si das la espalda a la posibilidad de que pueda ser de otra manera, sufrirás innecesariamente hasta el día de tu muerte. Pero ten en cuenta una cosa: si fueras libre, el fin del sufrimiento sería la menor de las ventajas. El verdadero milagro no es la desaparición a fondo de la angustia, sino las riquezas que inundarían el "espacio" que quedaría libre».
Jan Frazier, de When Fear Falls Away

El Fin Instantáneo Del Sufrimiento

Lo que voy a decir ahora quizá no sea fácil de entender, pero, si lo asimilas, dejarás de sufrir al instante. Nuestra mente nos hace sentir que somos *nosotros* los que sufrimos y, claro está, si creemos a pie juntillas lo que nos dice la mente, sin cuestionárnoslo, sufrimos inmensamente. Pero la verdad es que tú eres quien es *consciente* del sufrimiento, no quien sufre. Quien sufre es la idea que tienes de ti mismo, la que te has creído, no quien eres de verdad.

«El final del sufrimiento se da cuando comprendes que no hay quien sufra».
Hale Dwoskin

Mi maestra te diría que te hagas esta pregunta:

«¿Soy quien está sufriendo o soy quien es consciente del sufrimiento?».

Si conseguimos dejar de creer lo que nos sugiere la mente —que somos nosotros los que sufrimos—, el sufrimiento cesa de inmediato.

«En cuanto se comprende la naturaleza de la mente, el sufrimiento no puede existir».
Byron Katie, de Una mente en paz consigo misma

«La Conciencia abre la puerta y disuelve todas las creencias, opiniones e ideas que se interponen en el camino hacia tu estado natural de felicidad, ocultándolo».
Anthony de Mello, S.J.

«No es de extrañar que, cuando se desarma la maquinaria del sufrimiento y se acalla la mente, tenga uno la sensación de que ha llegado a casa. Te has topado de pronto con tu hogar: esa es a menudo la impresión que se tiene, porque no necesariamente has estado intentando encontrar el camino para llegar hasta él, al menos conscientemente. O puede que sí, y que de repente comprendas que has estado buscando en el lugar equivocado».

Jan Frazier, de The Great Sweetening: Life After Thought

Hay una creencia en concreto que está en el origen de todo el sufrimiento que padece el mundo. Es la creencia en que somos individuos separados, desvinculados unos de otros. Mediante el pensamiento, tu mente te convence de que eres solo una persona indefensa frente a un montón de cosas que podrían salir mal. Si das crédito a ese discurso de separación, la mente te controlará por completo. Generará un flujo constante de ideas angustiosas, diciéndote que eres vulnerable, que pueden ocurrirte cosas malas y que tu vida y tú mismo sois limitados. Lamentablemente, así será si crees que eso es cierto. Pero lo que sucede de verdad es lo contrario. No estamos separados. Parece que somos individuos disociados unos de otros, y desde luego estamos teniendo la experiencia de serlo, pero para disfrutar de una vida maravillosa, llena de felicidad duradera, tienes que permanecer consciente de la verdad, es decir, de que eres Consciencia-Conciencia infinita y eterna, y de que somos Uno solo.

El Final de los Problemas

Creemos que tenemos un problema cuando algo no sale como esperábamos, o cuando sentimos que algo ha salido «mal». Ante un problema, nuestra mente reacciona automáticamente diciendo: «¡No quiero esto!». Sin embargo:

«Los problemas existen únicamente en la mente humana».

Anthony de Mello, S.J., de Awareness: Conversations with the Masters

«Los problemas no son reales. Son imaginarios, nada más. No existen. Es imposible que existan. Lo que eres de verdad no tiene ningún problema. Los problemas son inventados, todos y cada uno de ellos».

Mi maestra

«Todos los problemas se basan en la memoria; en este momento, no hay problemas».

Hale Dwoskin

«Si la mente humana no existiese, no habría problemas. Los problemas, todos ellos, existen únicamente en la mente humana. Es la mente la que los crea».

Anthony de Mello, S.J., de Redescubrir la vida

La verdad es que los problemas no son más que otra de las historias que crea nuestro pensamiento, o sea, nuestra mente. Es la mente, que interpreta la vida contando un relato sobre algo que ha ocurrido y problematizándolo. Para llevar una vida libre de problemas, en lugar de creer lo que te diga tu mente, utiliza el poder de la Conciencia para *conocer* tu mente.

Cuando vives cada vez más como Conciencia, ves claramente que los problemas son limitaciones imaginarias. ¿Cómo podría tener algún problema la Conciencia Infinita que eres?

«Es como si metes la mano en el fuego y dices: "¡Ay, arde! ¡Me quemo! ¡Uf, qué problema tengo!". Y luego vuelves a meter la mano en el fuego una y otra vez, hasta que un día te das cuenta de lo que estás haciendo y dejas de hacerlo. Si tienes un problema, es porque estás metiendo la mano en él y exclamando «¡qué daño!», y actuando como si no fueras tú quien acerca la mano. Te comportas como si no fueras el responsable. Pero lo eres».

Lester Levenson, de Happiness Is Free, *vol. 1-5*

«Todos los problemas proceden del ego. Eres libre cuando no confieres validez a ningún problema».

Mi maestra

La dificultad estriba en que, cuando crees tener un problema, vives claramente la *experiencia* de tenerlo. Pero, al cobrar conciencia de que en realidad se trata de la mente y de los pensamientos, que te están contando otra historia cargada de negatividad, dejas que el presunto problema se disuelva y desaparezca, porque tu convicción ya no lo ata a ti ni a la realidad.

«El que dice que tiene un problema, lo tiene en la mente. Es el único lugar donde están los problemas, porque es en la mente, exclusivamente, donde se puede ver o comprender algo. Lo que miras, lo que oyes, lo que percibes está en tu mente y discurre a través de tu mente. Es ahí donde está todo».

Lester Levenson, de Happiness Is Free, *vol. 1-5*

«Voy a decirte algo muy poderoso. No hay ningún problema, nunca, en ninguna parte. Solo hay falta de amor».

Mi maestra

Cuando no te resistes a nada, cuando lo aceptas todo tal y como es, eso es amor. Allí donde hay amor, no puede haber problemas. De ahí que ningún problema pueda afectar a lo que eres de verdad, porque eres puro amor. Un amor tan puro que nuestra mente no puede concebirlo. Un amor completamente acogedor, que todo lo acepta, todo lo permite, y a nada se aferra. Es el tipo de amor que demostraron seres tan notoriamente iluminados como Buda, Jesucristo, Lao Tse, Krishna y tantos otros. Y ese amor puro que eres nunca tiene problemas.

Pero desde la perspectiva de una persona limitada, los problemas sí parecen reales. Nuestra mente reacciona al contrario que la Conciencia Infinita, y se resiste y niega cómo son las cosas, en vez de aceptarlas y permitir que sean.

«La vida es una sucesión de cambios naturales y espontáneos. No te resistas a ellos, porque eso solo produce pesar. Deja que la realidad sea lo que es. Deja que las cosas fluyan naturalmente, de la forma que quieran».
Lao Tse

«Cuando no nos empeñamos en tratar de forzar las cosas para que sean como queremos que sean, son libres de moverse y de resolverse por sí solas».
Kalyani Lawry

Poniendo en práctica los principios de *El Secreto*, he descubierto que, cuando soy feliz, apenas tengo problemas. Ello se debe a que, partiendo de la felicidad, los problemas o bien no surgen, o son tan insignificantes que no tienen el poder de alterar mi bienestar. Cuando soy feliz, los problemas me parecen simples hormigueros; en cambio, cuando me desespero, el problema más nimio me parece una montaña. Así que, ¿no es lógico que no haya absolutamente ningún problema cuando te encuentras en el grado más elevado de la felicidad, en ese lugar en el que sabemos lo que somos de verdad?

«Los problemas del mundo son infinitos. Si tratas de ponerles fin, continúas resolviendo problemas eternamente y siempre encuentras más y más. Los problemas existen mientras les prestas atención. Solo cuando descubres tu verdadero ser, descubres su final».

Lester Levenson, de Happiness Is Free, *vol. 1-5*

Cómo Liberarte para Siempre de los Problemas

«Puedes liberarte de todo. ¿Quieres prestarle atención a un problema tratando de cambiarlo, arreglarlo o descifrarlo, o prefieres verte libre de él?».

Mi maestra

Cuando le conté a mi maestra un problema que yo consideraba grave, me dijo estas palabras, las más esclarecedoras que puede haber:

«Deja de centrarte en el problema. Deja de querer que se revuelva en un sentido o en otro. Deja de desear que pase. Deja de querer cambiarlo. Deja de querer solucionarlo y controlarlo. Se derrumbará de manera natural cuando decidas ser Conciencia. Todo lo que no es amor se derrumba frente al amor. Todo lo que no es real se derrumba frente a la Conciencia».

Mi maestra

Como explicaba *El Secreto*, cuando dedicamos atención a algo, lo estamos dotando de energía, de modo que, si centramos la atención en un problema, conferimos energía a ese problema y se agranda. Tratar de arreglarlo, de resolverlo, de controlarlo o eliminarlo supone que estamos dedicándole nuestra atención. Cuando dejamos de centrarnos en el problema, desaparece porque le sustraemos toda su energía. Y entonces se derrumba. Es como si le quitas el oxígeno al fuego: se apaga.

«Intentar librarse de un problema es atarse a él. Todo aquello de lo que intentamos librarnos, lo retenemos en la mente y, por tanto, lo sostenemos y alimentamos. Así que el único modo de corregir un problema es desasirse de él. No ver el problema. Ver únicamente lo que deseas».
Lester Levenson, del audio Will Power

Y cuando has apartado tu atención de los problemas, puedes servirte de la mente para crear lo que quieres de verdad, enfocando tu mente y tus pensamientos en lo que deseas.

«La energía fluye allí donde se dirige la atención».
Michael Bernard Beckwith, de El Secreto

Prestamos atención a lo que no queremos, esperando que cambie, cuando lo acertado es lo contrario. Para que un problema se disuelva, debemos apartar de él nuestra atención. Una vez oí decir que los problemas son como una visita inoportuna, ¡si no les haces caso, se van!

Utiliza el poder de tu Conciencia para reconocer los pensamientos y discursos negativos que genera tu mente y, de ese modo, disolverlos, y te liberarás de todos los problemas y de todo el sufrimiento. Es un ejemplo más de la alegría y la dicha que experimentas cuando te mantienes en lo que eres de verdad: Conciencia.

«Es un milagro que se despliega poco a poco, suavemente. Ten paciencia. Llevas toda la vida actuando al revés, creyendo que estás a merced de la vida. No esperes que eso se deshaga de repente».

Jan Frazier, de The Freedom of Being

CAPÍTULO 8 *Resumen*

- No tienes por qué sufrir. Y cuando vivas como lo que eres de verdad, es decir, como Conciencia, no volverás a sufrir.

- El sufrimiento procede de la creencia en pensamientos negativos. Así pues, es autoimpuesto.

- Si nos resistimos a lo que ha sucedido, nos aferramos a esa situación y continuamos sufriendo.

- Hazte esta pregunta: «¿Soy quien está sufriendo o soy quien es consciente del sufrimiento?». La verdad es que tú eres quien es consciente del sufrimiento, no quien sufre.

- Hay una creencia en concreto que está en el origen de todo el sufrimiento que padece el mundo. Es la creencia en que somos individuos separados.

- Los problemas existen únicamente en la mente humana. No son reales. Solo son imaginarios.

- Para llevar una vida libre de problemas, en lugar de creer lo que te diga tu mente, utiliza el poder de la Conciencia para conocer tu mente.

- Cuando centramos nuestra atención en un problema, lo estamos dotando de energía y, por tanto, agrandándolo. Cuando apartamos la atención del problema, desaparece porque le sustraemos toda su energía.

- *Cuando has apartado tu atención de los problemas, puedes servirte de la mente para crear lo que quieres, enfocando tu mente y tus pensamientos en lo que deseas.*

- *Utiliza el poder de tu Conciencia para reconocer los pensamientos y discursos negativos que genera tu mente y, de ese modo, disolverlos, y te liberarás de todos los problemas y de todo el sufrimiento.*

DISOLVER CREENCIAS LIMITADORAS

«Toda creencia es una limitación imaginaria».
Mi maestra

¿Qué es una creencia? Una creencia no es más que una idea que nos repetimos una y otra vez, hasta que nos la creemos. Toda creencia es limitada porque procede de la mente. Fijémonos, por ejemplo, en la creencia según la cual algo es «demasiado bueno para ser cierto». Primero oímos esa idea en boca de otras personas. Luego, empezamos a pensarlo también nosotros y, pasado un tiempo, creemos que es cierto y empezamos a ver pruebas de ello a nuestro alrededor. En el instante en que creemos que esa idea es cierta, se convierte en una creencia que queda almacenada en nuestra mente subconsciente. Desde ese instante, actúa como un programa automático y se proyecta en el mundo reiteradamente para demostrar que seguimos concediéndole validez.

«Una idea es inofensiva hasta que nos la creemos».
Byron Katie

«Lo que importa no es lo que diga el ego, sino hasta qué punto nos lo creemos».
Mooji

Las creencias generan a su vez pensamientos basados en ellas, y estos pensamientos suenan y se repiten como una grabación. El subconsciente acompaña la creencia de que «algo es demasiado bueno para ser cierto» con pensamientos del estilo: «Cuando me siento así de feliz, tengo la sensación de que va a pasar algo malo»; «Aprovecha, que esto no va a durar»; «A algo bueno, siempre le sigue algo malo»; «Me estoy poniendo nervioso porque a mí no suelen pasarme cosas buenas»; «Si algo parece demasiado bueno para ser cierto, por algo será». Seguramente te suenan estos pensamientos, lo que demuestra que son grabaciones de la mente y que no los tienes solamente tú.

Mi maestra decía: «Imagina que contestas al teléfono y oyes al otro lado de la línea una grabación que dice, "Esto es un mensaje grabado; transfiera de inmediato todo su dinero a esta cuenta bancaria para que se lo guardemos a buen recaudo". ¿Lo harías? ¿Creerías esa grabación? No, claro que no. Entonces, ¿por qué crees las grabaciones de la mente?».

Tus Creencias Crean tu Experiencia

«Proyectamos nuestras ideas y creencias y vuelven a nosotros convertidas en experiencia».
David Bingham

Has de experimentar todo aquello que crees, de modo que es de gran importancia cuáles son tus creencias. Las creencias poseen lo que podríamos denominar poder atómico, porque se proyectan continuamente en tu existencia y se hacen realidad. Da igual que sean falsas. Si has plantado una creencia en el subconsciente, dará fruto.

No puedes, por ejemplo, tener la creencia de que la única forma de aumentar tus ingresos es trabajar más horas y esforzarte más, y después recibir dinero caído del cielo desde lugares inesperados. Tu creencia impide que el dinero venga de esas fuentes. Hasta ese punto nos limitan nuestras creencias. Cuando crees algo acerca de una persona, una circunstancia o una situación, lo experimentas necesariamente. Los pensamientos no tienen poder propio sin la energía que les insuflan tus creencias.

«Solo hay una causa de infelicidad: las falsas creencias que tienes en la cabeza. Unas creencias tan extendidas y comunes entre la gente que nunca se te ocurre cuestionarlas».
Anthony de Mello, S.J., de The Way to Love

«La infelicidad la causan únicamente las creencias erróneas sobre lo que es de verdad la Vida».
Peter Dziuban, de Simply Notice

Podemos estar muy apegados a nuestras creencias, a pesar de que nos causen verdadero estrés y sufrimiento y nos aboquen a la infelicidad. Nuestras creencias pueden mantenernos en la pobreza, hacernos enfermar, llenarnos de temor y dañar o destruir nuestras relaciones personales. En realidad, no hay en ellas nada a lo que aferrarse o que guardar como un tesoro.

Es el sistema de creencias de tu mente subconsciente el que genera las circunstancias que conforman tu vida actualmente, sean cuales sean esas circunstancias.

«Al modificar las creencias que abrazamos, podemos corregir las experiencias que tenemos».
David Bingham

«Muchas de las ideas y creencias que tenemos acerca de nosotros mismos y del mundo están tan profundamente arraigadas en nuestro interior que no somos conscientes de que son simples convicciones, y las tomamos por verdades absolutas, sin cuestionarlas».
Rupert Spira, de The Transparency of Things

Del difunto doctor David R. Hawkins:

«Suele ser útil echar un vistazo a algunas creencias comúnmente aceptadas y desprenderse de ellas cuanto antes. Por ejemplo:

1. Solo merecemos las cosas que conseguimos mediante el esfuerzo, la lucha, el sacrificio y el trabajo duro.

2. El sufrimiento es beneficioso y nos favorece.

3. No se consigue nada por nada.

4. Las cosas muy sencillas no valen gran cosa».

Dr. David R. Hawkins, de Dejar ir: el camino de la liberación

Los grandes sabios nos instan a cuestionárnoslo todo. Mediante el cuestionamiento, podemos descubrir las creencias limitadoras que nos ocultan la verdad sobre nosotros mismos y sobre el mundo.

«Nada de lo que crees es cierto. La libertad consiste en saberlo».

Byron Katie

Acumulamos creencias en el subconsciente desde que, siendo todavía muy pequeños, empezamos a comprender lo que nos comunicaban los adultos. Las creencias se forman cuando aceptamos como cierta una idea concreta, ya sea algo que hemos leído o visto en televisión, o que nos han contado otras personas. De una u otra forma, todas nuestras creencias proceden de los demás: de los padres, de la familia, de los amigos, de los maestros o de la sociedad en general. En el instante en que damos crédito a lo que nos cuenta otra persona, ¡zas!, esa creencia pasa al subconsciente y acaba proyectándose en nuestra experiencia vital.

Por ejemplo, si una persona cree que tiene problemas para perder peso y no engordar, esa convicción le impedirá adelgazar, haga lo que haga.

Con el tiempo, las creencias se atrincheran en el subconsciente, a medida que les vamos añadiendo pensamientos del tipo: «Debe de ser mi metabolismo lo que hace que me cueste tanto perder peso»; «He probado montones de dietas, pero no consigo adelgazar»; «Tardo siglos en perder peso y en cambio vuelvo a cogerlo enseguida»; «He heredado de mi familia la tendencia al sobrepeso».

«La mente subconsciente nos dirige, convirtiéndonos en víctimas del hábito».

Lester Levenson, de Happiness Is Free, *vol. 1-5*

La buena noticia es que, dado que las creencias están hechas simplemente de pensamientos insustanciales, pueden eliminarse muy fácilmente tan pronto cobras conciencia de ellas. Mientras permanecen almacenadas en el subconsciente, continúan manifestándose automáticamente en tu vida cotidiana. Pero en el momento en que cobras verdadera conciencia de una sola de ellas, esa creencia se deshace. Cuando las creencias subconscientes se vuelven conscientes, te mantienes permanentemente como Conciencia, al igual que cuando te liberas de pensamientos negativos. De hecho, cuando eliminas un pensamiento negativo, eliminas al mismo tiempo una creencia. Yo opto por actuar en ambos frentes, y libero simultáneamente pensamientos negativos y creencias cada vez que aparecen.

Poner al descubierto tus creencias limitadoras te conduce rápidamente a la felicidad duradera y la libertad absoluta. Gracias a ello, tu vida terrenal mejora drásticamente en todas sus facetas, porque ya no está limitada por tus creencias. Si hay algo que crees que no puedes ser, hacer o tener, es que tienes una creencia limitadora. ¡Imagínate tu vida sin ningún límite!

Disolver Creencias

Disuelves creencias mediante la Conciencia al hacerte expresamente consciente de ellas. En el momento en que eres *consciente* de que una creencia no es cierta, esa creencia se desmorona en su mayor parte y se disuelve. Si tu mente pensante sigue sometiendo a escrutinio esa creencia y recordándote que es solo una creencia y que no es cierta, lo poco que quede de ella acabará disipándose por completo. Ese es el poder infinito de la Conciencia.

Identificar tus creencias puede ser un poco difícil, precisamente porque crees que son verdad, que no son simples convicciones. Sin embargo, en cuanto eres consciente de una creencia, esta comienza a disolverse, y lo que queda de ella se deshace gracias a la acción continuada de la Conciencia.

Puede incluso que llegue un momento en que ya no recuerdes qué creías antes, porque la creencia se ha desvanecido por completo. Tanto las creencias como los recuerdos están hechos de pensamientos y se almacenan en el subconsciente, de modo que, si se borra una creencia, todas las ideas asociadas a ella también desaparecen, incluidos los pensamientos que componen su recuerdo.

«Renuncia a todo lo que crees. Tienes que hacerlo tarde o temprano. No puedes llevarte contigo tu sistema de creencias cuando dejes este mundo, así que ¿por qué no abandonarlo ya? Desecha tus creencias segundo a segundo. Descubre el gozo de vivir sin estar atado a ningún sistema de creencias. El apego a creencias tales como que la felicidad exige esfuerzo o que es necesario sufrir para ser feliz tiene raíces muy profundas».

Francis Lucille, de Flores del silencio

Cada creencia de la que cobras conciencia y que, por lo tanto, se disuelve impulsará tu vida y hará que se eleve a cotas de libertad, abundancia, ligereza y alegría que nunca habías imaginado. ¡Saca fuera esas creencias, una por una, y libérate! La Conciencia no tiene creencia alguna porque lo *conoce* todo.

«De hecho, los sistemas de creencias no son nada. Es bastante fácil desprenderse de ellos. ¡Solo son tigres de papel! Es mejor desecharlos ya y vivir feliz para siempre».

Francis Lucille, de Flores del silencio

Puedes dar instrucciones a tu subconsciente para que revele tus creencias y convicciones, de manera que seas más consciente de ellas. Puedes ordenárselo con frases como esta: «Muéstrame mis creencias claramente una por una, para que sea consciente de todas y cada una de ellas». Luego permanece alerta para percibirlas en cuanto aparezcan.

Presta mucha atención cuando te oigas decir «creo» o «no creo», porque esas palabras van seguidas de inmediato por una creencia. Presta mucha atención, porque con toda probabilidad lo que venga después también revelará una creencia.

Cuando comprendes que una creencia solo es, en realidad, un relato mental que te has creído, la creencia no solo se disuelve, sino que se lleva consigo miles y miles de pensamientos asociados a ella y enterrados en el subconsciente. Las creencias se componen de pensamiento, pero además atraen continuamente nuevos pensamientos que las refuerzan y que siguen acumulándose mientras conservamos esa creencia.

Una creencia —con los miles de pensamientos que conlleva— puede sostenerse durante años, décadas o incluso durante toda una vida, lo que explica por qué a menudo nos sentimos tan agobiados y apesadumbrados. No nos damos cuenta de que son nuestras creencias las que hacen que la vida nos pese tanto, las que nos hacen sentirnos viejos y las que nos impiden disfrutar de la vida que merecemos. Fíjate, por ejemplo, en cuántos pensamientos tienes asociados a la idea de que eres solo una persona separada de las demás. Ahora, imagínate el alivio inmenso, la ligereza y el desahogo que sentirías si una creencia de esa magnitud se disolviera. Cuando lo experimentes, ¡conocerás esa sensación de primera mano!

«Sé como un árbol y despréndete de las hojas muertas».
Rumi

Reacciones: Creencias Disfrazadas

«Las reacciones son creencias inconscientes».
Peter Dziuban, de Simply Notice *audiobook*

Otra forma de poner al descubierto las creencias es cobrar conciencia de tus reacciones. Cuando reaccionamos a algo, es porque tenemos una creencia arraigada que provoca esa reacción. Las reacciones son, de hecho, creencias disfrazadas. Un ejemplo: recibimos la factura de la electricidad y, al ver que el importe es mucho mayor de lo que esperábamos, reaccionamos negativamente. Lo que provoca esa reacción es la creencia en nuestra escasez de dinero, pero, como sucede con todas las creencias, eso solo es cierto *porque* nosotros así lo creemos.

Lo único que tienes que hacer cuando notes que reaccionas ante algo es cobrar conciencia de esa reacción. Cuando eres consciente de ella, le restas toda su energía porque tu Conciencia es el poder que disuelve hasta el último atisbo de negatividad y disarmonía.

«Cuando reaccionas, te estás identificando con aquello a lo que reaccionas; lo estás convirtiendo en algo personal. Fíjate, en cambio, en la reacción; nada más».
Mi maestra

Recuerda que es la mente la que reacciona ante las cosas, no tú. Es la mente la que se identifica con ellas y las convierte en algo personal, porque las enfoca desde el punto de vista de una persona. Cuando cobras conciencia de tus reacciones —con solo fijarte en ellas en el instante en que se dan—, no solo le restas energía a tu mente para que reaccione, sino que también pones al descubierto la creencia que se oculta bajo la reacción y que, una vez expuesta, se disuelve.

«Si hay conductas, tendencias o hábitos de los que deseas desprenderte, fíjate en que ya tienes conciencia natural de esas cosas. Si las ves de verdad, si las observas con desapego, te sentirás al instante fuera de su alcance y dejarás de identificarte con ellas. Esto es esencial».
Mooji

La Conciencia disuelve todo lo que no es verdad. A medida que se disipen las creencias, una por una, notarás la diferencia en tu cuerpo; te sentirás más ligero. Notarás también la diferencia en tu salud mental, porque te sentirás más feliz. Y la notarás en tu vida en general, porque se volverá realmente sencilla y maravillosa. Sea lo que sea lo que necesites o desees, parecerá venir a ti sin más.

Quisiera contarte otro episodio de la asombrosa historia de Lester Levenson. Si recuerdas, Lester alcanzó la iluminación en tres meses y al mismo tiempo se curó de numerosas dolencias físicas. Anteriormente, con apenas cuarenta años, había desarrollado problemas cardíacos graves, y su médico lo desahució. Le dijo que podía morirse cualquier día y que no había nada que pudiera hacerse al respecto. Lester se fue a casa y durante unos días se sintió aterrorizado ante la posibilidad de morir de manera inminente. Luego decidió que, si iba a morir, al menos reflexionaría sobre su vida para descubrir por qué no había sido más feliz. Así se inició el proceso por el que, en un plazo de solo tres meses, se desprendió de todas sus creencias y de las emociones negativas que tenía reprimidas. Cuando su cuerpo se vio libre de negatividad, su dolencia cardíaca se curó por sí sola, espontáneamente, y Lester vivió otros cuarenta años en perfecto estado de salud y continua alegría. Y lo que es más importante: al desaparecer todas sus creencias y emociones reprimidas, descubrió quién era de verdad.

Y ahora ya sabes cómo lo hizo.

CAPÍTULO 9 *Resumen*

- *Una creencia no es más que una idea que nos repetimos una y otra vez, hasta que nos la creemos. Toda creencia es limitada porque procede de la mente.*

- *Las creencias quedan almacenadas en nuestra mente subconsciente, desde donde actúan como un programa automático.*

- *Las creencias se proyectan continuamente en tu vida y se hacen realidad.*

- *Las circunstancias que componen tu vida actualmente las genera tu sistema de creencias.*

- *Presta mucha atención cuando te oigas decir «creo» o «no creo», porque esas palabras van seguidas de inmediato por una creencia.*

- *Presta mucha atención cuando te oigas decir «creo» o «no creo», porque con toda probabilidad lo que venga a continuación también desvelará una creencia.*

- *Cuestiónatelo todo. Mediante el cuestionamiento, podemos descubrir las creencias limitadoras que nos ocultan la verdad.*

- *Mientras siguen almacenadas en el subconsciente, las creencias se manifiestan automáticamente en tu vida cotidiana. Pero en el momento en que cobras verdadera conciencia de ellas, se deshacen.*

- *Cada creencia de la que cobras conciencia y se disuelve impulsará tu vida y hará que se eleve a nuevas cotas de libertad, abundancia, ligereza y alegría.*

- *Puedes ordenar a tu subconsciente que ponga de relieve tus creencias de manera que seas más consciente de ellas, diciéndole: «Muéstrame mis creencias claramente una por una, para que sea consciente de todas y cada una de ellas».*

- *Cuando una creencia se disuelve, se lleva consigo los miles y miles de pensamientos asociados a esa creencia que permanecían enterrados en el subconsciente.*

- *No nos damos cuenta de que son nuestras creencias las que hacen que la vida nos pese tanto, las que nos hacen sentirnos viejos y las que nos impiden disfrutar de la vida que merecemos.*

- *Para poner al descubierto tus creencias, toma conciencia de tus reacciones. Las reacciones son en realidad creencias disfrazadas.*

- *Lo único que tienes que hacer cuando notes que reaccionas ante algo es cobrar conciencia de esa reacción. Cuando eres consciente de una reacción, le quitas poder.*

CAPÍTULO 10

FELICIDAD
ETERNA

«Vivo en un presente de felicidad eterna. No es una felicidad mundana, de la que te aburres pasado un tiempo, hasta el punto de que te alegras si, para variar, surge algún inconveniente. La alegría que siento es un millón de veces más embriagadora: siempre renovada, siempre cambiante. Desde esa consciencia, sientes que toda la felicidad del mundo pasa a través de ti».

Paramahansa Yogananda

Eres felicidad. ¡Esa es tu verdadera naturaleza! La felicidad no es algo que ocurre cuando consigues lo que anhelabas o cuando te encuentras mejor, o cuando superas una dificultad o alcanzas una meta concreta. ¡La felicidad —la felicidad inagotable y eterna— está justo aquí, dentro de ti!

«Hay que ser consciente del Ser para abrir la reserva de la felicidad pura».

Ramana Maharshi, de Sé lo que eres

«No esperes conseguir la paz y la felicidad auténticas gracias a la vida terrenal. Esa debería ser tu actitud a partir de ahora: sean cuales sean tus experiencias, disfrútalas de manera objetiva, como si estuvieras viendo una película. La paz y la felicidad verdaderas has de encontrarlas dentro de ti».

Paramahansa Yogananda, de Man's Eternal Quest

«La felicidad es nuestro estado natural. Es el estado natural de los niños pequeños, que son los reyes de este mundo hasta que la sociedad y la cultura los ensucian y contaminan. Para conseguir la felicidad, no tienes que hacer nada, porque la felicidad no puede conseguirse. ¿Sabes por qué? Porque ya la tenemos. ¿Cómo vas a conseguir algo que ya tienes? Entonces, ¿por qué no la sientes? Debes renunciar a tus ideas ilusorias. No tienes que conseguir nada para ser feliz; al contrario, tienes que desprenderte de algo. La vida es fácil, la vida es deliciosa. Son tus ideas ilusorias las que la hacen difícil».

Anthony de Mello, S.J., de Awareness: Conversations with the Masters

Yo vivo ahora con un poso de felicidad constante que me acompaña en todo momento y que es resultado de acoger los sentimientos negativos y mantenerse en la Conciencia. Sin embargo, en ocasiones he sentido que me embargaba una felicidad verdaderamente gozosa, incomparable a todo lo que había sentido con anterioridad. Esa felicidad parece surgir de la nada, de repente. Quiero decir con ello que no hay nada concreto que la cause. Cuando aparece, toda la negatividad se esfuma por completo. Cualquier recuerdo doloroso desaparece en ese instante como si nunca hubiera existido. Reconozco de inmediato esa dicha inmensa como el gozo de nuestra auténtica naturaleza. No puede compararse con la felicidad que sentimos cuando conseguimos algo que anhelamos. Es un grado de felicidad que supera con creces todo cuanto he sentido antes.

Confío en que, al compartir esto contigo, te abras a la posibilidad de tener tú también esa experiencia. Tan pronto experimentes tu estado natural de felicidad, solo querrás vivir así.

«Hallé dentro de mí un gozo que no desaparece nunca, ni un solo instante. Ese gozo está en todos, siempre».

Byron Katie, de Mil nombres para el gozo: vivir en armonía con las cosas tal como son

Esta felicidad es como la sensación de enamorarse; como cuando te enamoras de otra persona, o como cuando una madre se enamora de su bebé recién nacido. ¿Conoces esa sensación maravillosa de estar colado por alguien, total y absolutamente enamorado? No quieres que se acabe nunca. Si experimentamos un sentimiento tan gozoso cuando nos enamoramos, es porque nos «extraviamos» en la otra persona, y cuando extraviamos el ego, la Conciencia se hace presente de inmediato en primer plano, radiante y jubilosa, rebosante de felicidad.

«Todo el mundo busca exactamente lo mismo en cada paso que da. El mundo lo llama la felicidad auténtica. Nosotros lo llamamos el "Yo" que soy. Descúbrete a ti mismo y descubrirás la mayor felicidad y el mayor gozo posibles».

Lester Levenson

«Dicho con sencillez, la felicidad es ser Uno mismo. No el yo limitado que finges ser casi todo el tiempo, sino el Ser ilimitado que eres y has sido siempre. O sea, el Ser que está siempre presente, sin esfuerzo alguno, antes, durante y después de todo cuanto experimentas. Tú eres el trasfondo radiante e inmutable que permite que todo lo demás exista».

Hale Dwoskin, de Happiness Is Free

«Para hallar la Verdad o la Felicidad, has de emprender un viaje hacia dentro: tienes que ver la Unidad, tienes que ver el Universo tal y como es: como tu consciencia, que no es otra cosa que tu Ser. Es difícil de describir, lo sé: hay que vivirlo. Cuando alguien lo experimenta, lo sabe. No puede asimilarse de oídas. Los libros y los maestros solo pueden indicarte el rumbo que has de seguir. Nos corresponde a nosotros seguir o no ese rumbo. Es una de las cosas más agradables del camino: que no hay nada que creer, que cada persona ha de experimentarlo y probarlo a su manera, hasta aceptarlo».

Lester Levenson, de Happiness Is Free, *vol. 1-5*

Conciencia Equivale a Felicidad

No eres una persona que es feliz: eres la felicidad misma. Tu verdadero ser, la Conciencia, es felicidad. No hay otra dicha más que esa: la de tu verdadera naturaleza. ¡La felicidad que has sentido a lo largo de tu vida es la felicidad de la Conciencia! En los momentos en que te has sentido feliz, estabas viendo un atisbo del esplendor de tu ser verdadero.

«Comprende que los momentos de felicidad proceden de la gracia, y que nos enseñan que la felicidad no reside en un objeto. Tenemos que saber que somos esta felicidad presente. El objeto es casi irrelevante. El objeto forma parte del sueño; la felicidad, en cambio, es real».

Francis Lucille, de Flores del silencio

Y cuando seas feliz, la vida te sonreirá. No hay nada que mejore tanto las circunstancias vitales como sentirse feliz. Cuando eres feliz, los problemas tienden a resolverse por sí solos, y las cosas suceden con toda facilidad, sin ningún esfuerzo por tu parte. Cuando eres feliz, es como si el Universo entero conspirara a tu favor y te regalara todo lo que necesitas en el instante en que lo necesitas. Cuanto más feliz eres, más fácil es tu vida. Cuanto más infeliz eres, más esfuerzo te cuesta todo.

«Cuanto más te motiva el ego, más difícil es que consigas algo; la armonía disminuye y aumenta el sufrimiento».

Lester Levenson, de Happiness Is Free, *vol. 1-5*

No Hay Felicidad en el Mundo

«Algunos buscamos la felicidad donde está y, por tanto, somos más felices. Otros la buscan a tientas en el mundo, donde no está y, por tanto, se frustran más y más».

Lester Levenson, de Happiness Is Free, *vol. 1-5*

Cuando buscamos felicidad en el mundo, nuestra felicidad es pasajera. Da igual cuántas cosas adquiramos o las experiencias que tengamos; el gozo de las cosas o de las experiencias materiales viene y va, necesariamente. Y entonces volvemos a buscar la felicidad en otras cosas u otras experiencias materiales. Sencillamente, la felicidad duradera no está en el mundo, aunque nos hayamos convencido de lo contrario.

«Sin embargo, cuando ahondamos en nuestro interior, descubrimos que toda la felicidad está ahí. El único lugar donde podemos sentir felicidad está dentro de nosotros. Ahí es donde está la dicha, ni más ni menos. Cada vez que atribuimos esta dicha a algo externo, a una persona o una cosa, obtenemos más dolor que placer».

Lester Levenson, de Happiness Is Free, *vol. 1-5*

«No hace falta que esperemos a que se den las circunstancias propicias para ser felices».

Rupert Spira

Todas las personas que han vivido a lo largo de la historia y las que viven en la actualidad actúan movidas por el mismo impulso: el anhelo de felicidad. Todo lo que hacemos y lo que no hacemos, todo aquello por lo que luchamos, lo que ansiamos y planeamos, todo aquello por lo que vivimos y a lo que nos oponemos, todo lo que soñamos, se debe a que creemos que seremos más felices por tenerlo o no tenerlo. Obtener la felicidad es la motivación que impulsa cada decisión que tomamos, ¡y se calcula que cada uno de nosotros toma 35 000 decisiones al día! Sin embargo, todos esos planes, esas cábalas, esas acciones, ese sudor, esas lágrimas y esos propósitos no nos acercan ni un paso a la felicidad que buscamos vanamente en este mundo. La felicidad que anhelamos ha estado desde el principio aquí, dentro de nosotros.

«¿Y cuál es la solución? No buscar la felicidad en el mundo, sino en el lugar donde reside: dentro de nosotros, en nuestra consciencia».

Lester Levenson, de Happiness Is Free, *vol. 1-5*

Seré Feliz Cuando...

Cuando creemos que la felicidad nos viene de fuera, podemos caer fácilmente en la costumbre de dejarla en suspenso hasta que se den las condiciones adecuadas. ¿Nunca has pensado o has dicho «seré feliz cuando…» y has terminado la frase con algún acontecimiento futuro? «Seré feliz cuando acaben los exámenes y me gradúe»; «Seré feliz cuando tenga un coche nuevo»; «Seré feliz cuando encuentre pareja»; «Seré feliz cuando me case»; «Seré feliz cuando tenga más dinero»; «Seré feliz cuando triunfe»; «Seré feliz cuando me vaya de vacaciones»; «Seré feliz cuando adelgace»; «Seré feliz cuando tengamos un bebé»; «Seré feliz cuando monte mi negocio»; «Seré feliz cuando mejore mi salud y me encuentre mejor»… Y así sucesivamente.

Dejamos nuestra felicidad en suspenso cuando creemos que la felicidad procede de cosas externas. Esperamos que algo o alguien nos haga felices, pero es imposible disfrutar de una felicidad duradera si esa felicidad procede de cosas externas. Nunca la conseguiremos, por más tiempo que esperemos.

Quizá, si has vivido el tiempo suficiente, si has tenido suficiente éxito y montones de experiencias vitales maravillosas, ya hayas descubierto que la felicidad no puede encontrarse en el mundo. Puede que te hayas dado cuenta de que es así, especialmente si has conseguido hacer realidad un gran sueño. Nos convencemos de que, cuando nuestro mayor sueño se haga realidad —lograr un gran éxito, adquirir riquezas, encontrar la pareja perfecta o tener hijos—, seremos por fin verdaderamente felices.

Pero cuando ese gran sueño se hace realidad, aunque sea maravilloso y emocionante, descubrimos que la felicidad que conlleva es casi igual de fugaz. Puede que entonces al fin nos demos cuenta, por amarga experiencia, de que la felicidad no procede del mundo exterior. Para algunos, este puede ser un descubrimiento muy desalentador, porque a menudo llegamos a la conclusión de que la felicidad duradera es una fantasía imposible de alcanzar.

Pero la felicidad duradera no es una fantasía. Es la verdad de tu mismo ser, y es tu verdadera naturaleza. Tras nuestra búsqueda innecesaria, es un descubrimiento maravilloso comprender al fin que la felicidad que buscamos está dentro de nosotros, en nuestro propio ser. Cuando te des cuenta de que es así, la felicidad duradera estará a tu alcance, porque nunca volverás a buscarla en vano en otras personas o en el mundo de fuera.

«Cuando comprendes eso, el camino se vuelve muy recto. Dejas de perseguir el arcoíris y vas a buscar la felicidad donde sabes que está: justo dentro de ti».
Lester Levenson, de Happiness Is Free, vol. 1-5

Imagínatelo. Miles de millones de personas a lo largo de miles de años han buscado desesperadamente la felicidad cada día de sus vidas. La han buscado como si pudiera encontrarse en toda clase de sitios mundanos. Y, entretanto, solo había un lugar en el que pudiera hallarse: en nuestra verdadera naturaleza, la Conciencia. Parece una broma de dimensiones cósmicas; quizá por eso Buda se rio tanto bajo el árbol de bodhi cuando, tras dieciséis años de búsqueda terrenal, descubrió por fin que la verdad estaba dentro de él. Pensándolo, la historia ha demostrado que a muy pocos de nosotros se nos ha ocurrido buscar la felicidad en nuestro interior.

Y, sin embargo, a lo largo de la vida hemos visto muchas señales que así lo indicaban, a menudo a través de experiencias penosas que nos demostraban que la felicidad no viene de fuera. Cuando sentías que la felicidad se esfumaba de tu existencia, era otra señal que te indicaba que debías apartarte del mundo y mirar dentro de ti.

Ahora ya puedes buscar la felicidad donde está de verdad, en vez de buscarla donde no está. Puedes dejar de buscar a tu alma gemela o de anhelar tener hijos para ser feliz de una vez por todas. Puedes dejar de buscar la felicidad en tu trabajo, en una casa nueva, en la ropa, en las vacaciones o en el coche que deseas. Esas cosas no pueden hacerte permanentemente feliz, porque están siempre cambiando. Lo que te gusta hoy, mañana deja de gustarte. La dicha se halla en tu ser *auténtico* e inmutable, la Conciencia. Eso nadie puede dártelo.

Podemos, desde luego, disfrutar de todas las cosas maravillosas que queremos ser, hacer o tener en este mundo, pero podemos disfrutar de ellas siendo plenamente conscientes de que el único lugar donde se encuentra la felicidad verdadera y permanente es dentro de nosotros.

«La felicidad no se adquiere. Tu propia naturaleza es felicidad. La dicha no es una ganancia recién adquirida. Como mucho, se consigue eliminar la infelicidad».
Ramana Maharshi

Tus pensamientos determinan cómo te sientes, así que, si no eres feliz, se debe a que estás pensando en algo que no quieres. Tu mente solo puede funcionar en pasado o en futuro, así que una de dos: o estás pensando en algo del pasado que te hace infeliz, o en algo del futuro que te produce aflicción.

«Los pensamientos ahogan la capacidad de ser feliz».
Lester Levenson, de Happiness Is Free, *vol. 1-5*

Entre tu verdadero ser, tú y la felicidad permanente solo se interpone un pensamiento. Puede que sea un pensamiento triste, o de temor, o de ira, o de frustración. En cualquier caso, esos pensamientos dicen una sola cosa —«no quiero esto»— en respuesta a algo que te ha ocurrido. Y como das crédito a ese pensamiento, la infelicidad te cubre como una manta y tapa la felicidad que eres de verdad.

«El pensamiento viene primero; luego, el sentir y, después, la emoción (las lágrimas, por ejemplo). Siempre sucede así, aunque a menudo la gente perciba primero la emoción y no se dé cuenta de que hay primero un pensamiento sutil que ha generado el sentir y, después, la emoción».
Sailor Bob Adamson

«Si sientes que eres infeliz, es únicamente porque te estás identificando con un pensamiento de infelicidad».

Mi maestra

«La vida es sencilla. Todo sucede por ti, no te sucede a ti. Todo ocurre en el momento justo: ni tarde ni temprano. No tiene por qué gustarte, pero es más fácil si te gusta».

Byron Katie, de Mil nombres para el gozo: vivir en armonía con las cosas tal como son

Con un poco de suerte, estarás empezando a ver el embrollo en el que puede convertirse tu vida cuando das crédito a los pensamientos negativos que genera tu mente. Siempre que he tenido ocasión de ayudar a alguien con un problema o una dificultad, he comprobado que el motivo de su sufrimiento era que esa persona creía sus pensamientos negativos. Cada vez que he sufrido una dificultad, ha sido también porque creía a mi mente y hacía caso de sus pensamientos negativos. Así que, si puedes, cuando sufras o cuando una situación te produzca malestar, deja que ese sentimiento te alerte de que te estás creyendo pensamientos negativos que no son ciertos. Tan pronto dejes de creer lo que te dice tu mente, empezarás a notar que tu pensamiento tiene tendencia a ponerle pegas a todo, enmascarando así tu felicidad innata.

«¿Qué tiene de malo este momento, si no te paras a pensar en ello?».

Sailor Bob Adamson, de A Sprinkling of Jewels

«La paz que buscas ya está presente. Solo parece oculta porque, al pensar, desviamos nuestra atención».

Kalyani Lawry

Con toda la cháchara de la mente, sus comentarios incesantes, su naturaleza contradictoria y su runrún constante, es sorprendente que tantos de nosotros aún creamos lo que nos dice como si fuera la mayor *autoridad* del mundo. No hace falta que detengas tu mente, que la acalles o que la aquietes. ¡Solo tienes que dejar de creer lo que te dice! Cuando lo hagas, la mente se aquietará automáticamente y la felicidad surgirá dentro de ti como una marea gozosa.

Resistirse a la Felicidad

Por más que cueste creerlo, muchos de nosotros nos resistimos a la felicidad. No nos damos cuenta de ello porque esa resistencia procede de una creencia reprimida. Es posible que esa creencia arraigara en nosotros cuando, de pequeños, nos decían que debíamos doblegar nuestra libertad de espíritu y reprimir nuestro entusiasmo y nuestra alegría espontánea. ¿Alguna vez has oído cosas como: «Tienes ya una edad, compórtate»; «Madura»; «Deja de exhibirte» o «Cálmate y cállate»? Si las has oído, es muy posible que creas que, para conseguir la aprobación de los demás, tienes que estar tranquilo y no armar jaleo, porque, cuando de pequeño te ponías a corretear lleno de emoción y de alegría, te regañaban por hacer ruido. Como resultado de ello, con el paso del tiempo, poco a poco, nos acostumbramos a sofocar y reprimir nuestro júbilo espontáneo. Pero con solo cobrar conciencia de que hemos estado resistiéndonos a la felicidad, rompemos esa creencia y le quitamos gran parte de su poder.

«Somos felices por naturaleza, así que, si no sentimos felicidad, es porque nos estamos resistiendo a ella».
Mi maestra

«Si no militaras activamente en la desdicha, serías feliz».
Anthony de Mello, S.J., de Redescubrir la vida

Para ser felices, no tenemos que hacer nada. Al contrario: ¡tenemos que dejar de hacer lo que nos está haciendo infelices!

«Ser feliz no es difícil. Lo que es difícil es ser infeliz. Cuando dices que ser feliz es difícil, estás dando a entender que la felicidad implica esfuerzo, vigilancia constante, lucha. Al creer que la felicidad exige esfuerzo y lucha, solo contribuimos a perpetuar la aflicción».
Francis Lucille, de Flores del silencio

«¿No notas la felicidad subyacente, ilimitada, de tu ser?».
Mi maestra

Si nuestro estado natural es la felicidad, imagínate la enorme cantidad de energía que requiere ser infeliz.

En todo el mundo, la resistencia es lo que impide que la inmensa mayoría de la gente sea feliz. En lugar de dejar que las cosas sean como son, nos resistimos a lo que está pasando o a lo que ha pasado. Nos repetimos un solo pensamiento —«no quiero…»— y rellenamos el espacio en blanco con una lista inacabable de cosas que rechazamos.

«Nada externo puede afectarnos. Solo sufrimos cuando queremos que las cosas sean distintas a como son».
Byron Katie, de Amar lo que es: cuatro preguntas que pueden cambiar tu vida

«La felicidad consiste simplemente en dejar que todo sea como es, segundo a segundo».
Rupert Spira

Si puedes dejar de resistirte a lo que está pasando en tu vida y en el mundo, la felicidad rebosante de gozo será tuya. La iluminación es sencillamente otro término para nombrar esa felicidad. Es lo que ya eres. Esa felicidad rebosante de gozo es lo que eres. No es algo que solo puedan experimentar unos pocos elegidos. ¡El elegido *eres tú*, y somos todos!

Apego

«Si prestas atención, verás que solo hay una cosa, nada más que una, que causa infelicidad. Esa cosa se llama apego».

Anthony de Mello, S.J., de The Way to Love

El apego se da cuando nos aferramos a algo por miedo a perderlo, porque creemos que su ausencia nos hará infelices. A menudo se confunde el apego con el amor, pero no es lo mismo. El amor no entraña miedo alguno. El amor permite que todo sea libre, que las cosas vayan y vengan. El apego se disfraza de amor, pero solo quiere aferrarse a algo por miedo a perderlo.

«Lo que es ciego no es el amor, sino el apego. El apego es el impulso de aferrarse a las cosas que tiene su origen en la falsa creencia de que algo o alguien es imprescindible para nuestra felicidad».

Anthony de Mello, S.J., de The Way to Love

Imaginemos a dos personas que trabajan en la misma empresa. Las dos dicen que les encanta su trabajo y van felices a trabajar cada día. Luego, un día, llegan al trabajo y se enteran de que va a haber despidos inminentes. La persona A siente un temor inmediato cuando oye la noticia. «¿Qué voy a hacer si me despiden? ¿Y si no encuentro otro empleo? No podré pagar los gastos, ni la hipoteca. Perderé mi casa». Todas esas ideas proceden del apego a su trabajo. El miedo es evidente en esos pensamientos.

En cambio, la persona B afronta la situación desde otra perspectiva. Sabe que será feliz al margen de lo que ocurra. Sabe que en la vida las cosas siempre están cambiando y que todo sucede para bien, a pesar de que a veces parezca que no es así. Sabe por experiencia que, cuando ocurre algo inesperado, es que se avecina algo mejor. Si por la razón que sea se queda sin trabajo, sabe que encontrará otro empleo y que este será aún mejor que el anterior. Eso es el desapego.

¿Cuál de esas dos personas crees que es más feliz? ¿Cuál de ellas crees que vive mejor?

«En realidad, uno ignora lo que es la felicidad hasta que renuncia al apego».
Anthony de Mello, S.J., de Redescubrir la vida

«Mi vida es una sucesión de acontecimientos, igual que la tuya. Solo que yo me aparto y veo pasar el desfile como lo que es, un desfile, mientras que tú te aferras a las cosas y te dejas llevar por ellas».
Nisargadatta Maharaj, de I Am That: Talks with Sri Nisargadatta Maharaj

El apego a una persona procede de la creencia en la escasez de amor. Crees que esa persona es la clave de tu amor y tu felicidad, y que sin ella tu amor y tu felicidad desaparecerán. Esa creencia justifica el apego y te pone en gravísimo peligro, porque todo está cambiando constantemente, y ningún «cuerpo» está aquí para siempre.

«La gente se necesita entre sí y cree que eso es amor. Pero, cuando uno ama, no se aferra al otro ni se lo apropia».

Lester Levenson

Los apegos tienen raíces muy hondas. Con frecuencia, nuestros apegos conforman la identidad de la persona que creemos ser, y sentimos que, si nos deshacemos de ellos, perderemos esa identidad. De modo que nos aferramos a ellos a pesar de que desde el principio nos privan de la felicidad y nos abocan al sufrimiento.

Cuando crees que hay una cantidad limitada de algo, te aferras a lo que tienes. Podemos tener apego a nuestro cuerpo, a nuestra mente, a la imagen que tenemos de nosotros mismos, a nuestra pareja, hijos, padres, familiares, amigos y mascotas, a nuestro trabajo, a nuestros logros personales, a la fama, a nuestras habilidades y aficiones, a nuestra religión, al éxito y a objetos materiales como un coche o una casa, así como a nuestras opiniones, creencias y puntos de vista. Seguramente conoces a gente que defiende con pasión sus convicciones políticas, religiosas o de cualquier otro tipo, debido al profundo apego que siente por sus propias opiniones.

«Estamos tan casados con nuestros pensamientos que ni siquiera se nos ocurre divorciarnos de ellos. Y, hasta que lo hagamos, seguiremos vinculados a ciegas a cuerpos físicos y, en general, condenados a llevar una vida desdichada».

Lester Levenson, de Happiness Is Free, *vol. 1-5*

Con los años, la mente puede apegarse profundamente a multitud de ideas fijas. Es paradójico que esas ideas a las que nos aferramos nos aboquen, de hecho, a ser personas limitadas. Sofocan nuestra felicidad natural y hacen que nos agobie la vida.

La historia nos enseña que la gente puede apegarse hasta tal punto a sus creencias que está dispuesta a morir antes que renunciar a ellas. A algunas personas, el apego a sus convicciones es lo único que las mantiene vivas, pese a su padecimiento.

«La gente no quiere ser feliz. Para ser felices, tienen que renunciar a sus creencias y se aferran a ellas. Dicen: "Ni hablar, nos negamos a ser felices a no ser que se cumplan nuestros deseos"».
Anthony de Mello, S.J.

Si pudieras vaciarte de todas tus opiniones e ideas fijas, una por una, alcanzarías la iluminación, porque, cuando te liberas de todo juicio, permites que las cosas sean como son, ni más ni menos. Y entonces te asombras de la alegría y la felicidad que inundan tu ser, y tu vida se eleva de manera natural en todas sus facetas.

Como escribí en *El Secreto* —edición Décimo Aniversario—, cuantas menos opiniones tengas, menos conclusiones sacas, a menos ideas fijas te aferras y más feliz y gozosa es tu vida.

Quien de verdad se apega a las cosas no eres *tú*, ¡es tu mente! Los apegos son un festín para la mente porque la refuerzan y nos mantienen prisioneros de la creencia en que somos personas limitadas y separadas, en vez de la Conciencia ilimitada y gozosa que somos realmente. Y, dado que los apegos surgen de la mente, sientes un miedo palpable cuando algo a lo que está apegada tu mente se ve amenazado.

A lo que más apegada está tu mente es al ego y a la persona individual. A pesar de que la verdad —es decir, que en realidad somos una única Conciencia— es maravillosa, nuestra mente sigue aferrándose a la idea de que somos personas separadas unas de otras.

Una vida con apego solo puede desembocar en dolor y sufrimiento, porque nada en este mundo material es duradero ni permanente, incluidos nuestros cuerpos. Sin que te dieras cuenta, tu mente ha cambiado felicidad por apegos.

Anthony de Mello lo resumió muy bellamente en su interpretación de las Cuatro Nobles Verdades de Buda:

«El mundo está lleno de dolor.
El origen del dolor es el deseo de apego.
La solución para vivir sin dolor es
renunciar al apego».
Anthony de Mello, S.J., de Redescubrir la vida

Puedes desear y tener todo lo que quieras. El problema surge cuando te apegas a esas cosas.

Conciencia Frente a Apego

No tienes que esforzarte y luchar para tratar de eliminar tus apegos. No tienes que empeñarte en intentar cambiar lo que sientes. El apego surge cuando te identificas con la mente, así que, para desprenderte de tus apegos, lo único que tienes que hacer es permanecer cada vez más como Conciencia ¡y todos tus apegos se disolverán, uno a uno! No puedo explicarte lo increíble que es la vida cuando no está regida por el apego. El amor que siente por todos y todo es mucho más hondo y, al mismo tiempo, no siente una tristeza insoportable cuando algo termina o cambia.

«Mi secreto es este: no me importa lo que ocurra».

J. Krishnamurti, de la segunda charla pública (Ojai, 1977)

Las palabras de Krishnamurti nos enseñan cómo es no estar apegado a nada. Son verdadero desapego. Y aunque sé que seguramente te cuesta creer que puedas llegar a sentir eso, en realidad es solo tu mente la que te lo está diciendo. Recuerda que el desapego es tu verdadera naturaleza. El desapego *eres tú*, Conciencia.

Hace muchos años, mi familia y yo teníamos una casa preciosa en el campo, en Australia. A mis dos hijas les encantaba vivir en el campo y adoraban esa casa. Era una vida mágica, pero desafortunadamente la tasa de interés subió a más del 18 % y, aunque trabajábamos más y hacíamos horas extras, al final mi marido y yo no pudimos hacer frente a la hipoteca. Durante tres años hicimos enormes sacrificios y sufrimos lo indecible tratando de conservar aquella casa, y aun así la perdimos. El día que por fin nos mudamos, pensé en las penalidades que habíamos pasado y resolví no volver a apegarme así a una casa. Sufrir lo suficiente nos impulsa a cambiar.

Desde entonces, me han encantado todas las casas en las que he vivido —algunas las he disfrutado incluso más que todas las anteriores—, pero no he vuelto a apegarme a ninguna. Mientras vivía en ellas, las disfrutaba y las valoraba enormemente, pero sin miedo a perderlas algún día. Y cuando llegaba el momento de marcharme, podía hacerlo con el corazón lleno de gratitud, sin tristeza de ningún tipo.

«La felicidad se da cuando no estamos apegados a ningún objeto —incluido el cuerpo— ni a cosas materiales».

Francis Lucille

Estamos aquí, en el mundo material, y todo lo material llega a su fin. Si nos apegamos a algo, sufriremos inevitablemente cuando ese algo desaparezca. Pero si amas profundamente lo que hay en tu vida ahora mismo —si de verdad agradeces el presente y lo valoras plenamente—, no sentirás el mismo grado de dolor cuando desaparezca.

Estuve muy unida a mi madre de pequeña y de adulta. Era más que mi madre; también la consideraba mi mejor amiga. Antes me daba terror que falleciera porque no me imaginaba viviendo sin ella, y pensaba que la vida no merecería la pena si ella no estaba. Cuando descubrí El Secreto, me embargó la gratitud y la apreciación de todo cuanto había en mi vida; sobre todo, de mi familia y de mi madre. Agradecía cada momento que pasaba con ella. Le decía constantemente cuánto significaban para mí las cosas grandes y pequeñas que había hecho por mí a lo largo de mi vida. Le decía una y otra vez cuánto la quería. Así que, cuando falleció, no sufrí como habría sufrido antes. Sentí, por el contrario, que el amor que le tenía a mi madre se expandía hasta hacerse más grande que el Universo. Y hasta el día de hoy, no ha cambiado.

Eres amor, y el amor es lo contrario del apego porque el amor a todo le concede la libertad de ir y venir. El amor lo acepta y lo permite todo, pase lo que pase.

«Amor es lo que ya eres. El amor no busca nada. Ya está completo. No desea, no necesita, no anhela nada».
Byron Katie, de Necesito que me quieran. ¿Es eso verdad?

Puedo prometerte que, cuando te desprendas de tus apegos, el amor que sentirás será tan grande y absoluto que te parecerá que el Universo no puede contenerlo. Un amor omnipotente, omnisciente y omnipresente ocupará el lugar de todas esas cosas a las que estabas apegado. Hay quien a esto lo llama «Dios».

Cuando la gente se hallaba en presencia de Cristo, de Buda, de Krishna o de cualquier otro ser iluminado, la negatividad que llevaba dentro se disolvía instantáneamente. Así de poderoso es el amor puro e incondicional. Disuelve la discordia y la negatividad de inmediato. Disipa todo lo que no es amor. Ese amor todopoderoso es tu verdadera naturaleza. Eres tú.

Empieza por la Felicidad

«No necesitas nada para ser feliz. Necesitas algo para estar triste».
Sri Poonja (Papaji)

«Cuando vemos que [la conciencia está siempre presente], se opera una transformación en el cuerpo-mente. El cuerpo-mente recibe una descarga de alegría inmotivada y se libera de la creencia en que tiene que esforzarse por conseguir la felicidad. La felicidad no es algo que pueda alcanzarse mediante el esfuerzo o el sufrimiento. ¿Cómo habría de alcanzarse la felicidad a través del sufrimiento? ¿Cómo puede hacernos feliz el dolor? Tenemos que partir de la felicidad. Con demasiada frecuencia asumimos más sufrimiento con el fin de llegar a ser felices».
Francis Lucille, de Flores del silencio

Puedes ser feliz en este preciso instante, al margen de lo que esté sucediendo a tu alrededor. La felicidad no es algo que tengas que buscar o esperar, porque ya está aquí, contigo.

«Podemos tener libertad y felicidad ahora mismo. No hace falta que esperemos a conseguir la felicidad algún día lejano, en el futuro, cuando nos hayamos esforzado lo suficiente para merecerla o hayamos logrado prepararnos para ella de algún modo. Ya tenemos razones para el gozo y la alegría».

Hale Dwoskin, de El método Sedona

«Eres el gozo absoluto. Si yo buscara el gozo, buscaría a Lester. Lester soy yo. No tengo que salir de aquí y buscarlo. Si yo soy el gozo, no tengo que ir a buscarlo a ningún sitio. No hace falta salir en busca del gozo si está dentro de ti».

Lester Levenson, de Happiness Is Free, *vol. 1-5*

«Ten presente que, cuando te descubres anhelando amor, es como si un lago anhelara el agua».

Hale Dwoskin

«El descubrimiento de que la paz, la felicidad y el amor están siempre presentes dentro de nuestro ser y son completamente accesibles en cualquier momento de la experiencia y en cualquier circunstancia es el hallazgo más importante que puede hacerse».

Rupert Spira, de The Art of Peace and Happiness

Dado que la felicidad es tu verdadera naturaleza, no puedes conseguir la felicidad; solo puedes SER felicidad. Si eres feliz, estás siendo tu verdadero yo, ¡la Conciencia! Cuando permaneces en la Conciencia, estás en armonía con la vida en su totalidad. Decir que entonces tu vida se vuelve mágica es quedarse muy muy corto.

«Porque es entonces cuando un ser humano empieza a vivir en plenitud. No en el instante de la concepción, ni en el del nacimiento, ni en la madurez, ni en ninguno de esos momentos sacralizados que solemos señalar como especiales —los bautizos y las bodas, los *bar mitzvahs* y las graduaciones—, sino cuando el sentido del yo se desmorona y el viento puede llevarse esa cosa insustancial que creíamos ser. Es entonces cuando vivimos verdaderamente. Es un poco como morirse (a fin de cuentas, la persona que has sido durante mucho tiempo deja de existir), y sin embargo… Sin embargo, descubres con asombro que sigues ahí, que la vida continúa. Que hay vida después de la muerte. Estás descubriendo lo que significa el paraíso terrenal».

Jan Frazier, de Opening the Door

Permítete ser feliz. Permítete ser la felicidad que eres realmente. La felicidad está aquí, ahora. El poder de la Conciencia es la respuesta a cualquier cosa que amenace tu dicha. Si abres tu atención y permaneces como la Conciencia que eres, ¡serás feliz!

Si no te sientes feliz, procura acoger cualquier sentimiento que no sea de felicidad, y deja que esté presente sin intentar cambiarlo ni librarte de él. Al acoger esos sentimientos, sentirás que se disuelven en la felicidad que es tu verdadero ser.

Cada vez que abres los brazos para dar la bienvenida a un sentimiento de aflicción, estás mucho más cerca de la felicidad permanente y de tener una vida mágica y armoniosa. Día a día, a medida que vayas acogiendo esos sentimientos desdichados, sentirás que la felicidad de tu verdadero ser aumenta. Con el tiempo, descubrirás por ti mismo que bajo *todo* sentimiento de desdicha yacen la felicidad eterna y el amor de la Conciencia.

CAPÍTULO 10 *Resumen*

- *Eres felicidad. ¡Esa es tu verdadera naturaleza! ¡La felicidad —la felicidad inagotable y eterna— está justo aquí, dentro de ti!*

- *No hay más felicidad que la de tu verdadero ser, la Conciencia. ¡La felicidad que has sentido a lo largo de tu vida es la felicidad de la Conciencia!*

- *No hay nada que mejore tanto tus circunstancias vitales como sentirte feliz. Cuanto más feliz eres, más fácil es tu vida.*

- *Cuando buscamos la felicidad en el mundo, nuestra felicidad es pasajera.*

- *Podemos disfrutar de todas las cosas maravillosas que queremos ser, hacer o tener en este mundo, pero podemos disfrutar de ellas siendo plenamente conscientes de que el único lugar donde se encuentra la felicidad verdadera y permanente es dentro de nosotros.*

- *Tus pensamientos determinan cómo te sientes, así que, si no eres feliz, se debe a que estás pensando en algo que no quieres.*

- *Entre tu verdadero ser, tú y la felicidad permanente solo se interpone un pensamiento: «no quiero esto».*

- *Cuando sufras o cuando una situación te produzca malestar, tómate ese sentimiento como un aviso de que te estás creyendo pensamientos negativos que no son ciertos.*

- *Muchos de nosotros nos resistimos inconscientemente a ser felices.*

- Con solo darnos cuenta de que nos estamos resistiendo a la felicidad, le restamos gran parte de su poder a la creencia reprimida que nos impulsa a resistirnos a la felicidad.

- Para ser felices, no tenemos que hacer nada. Al contrario: ¡tenemos que dejar de hacer lo que nos está haciendo infelices!

- Solo hay una cosa que causa infelicidad: el apego.

- El apego se da cuando nos aferramos a algo por miedo a perderlo, porque creemos que su ausencia nos hará infelices.

- Con frecuencia, nuestros apegos conforman la identidad de la persona que creemos ser, y sentimos que, si nos deshacemos de ellos, perderemos esa identidad. De modo que nos aferramos a ellos a pesar de que desde el principio nos privan de la felicidad.

- Quien de verdad se apega a las cosas no eres tú, ¡es tu mente! Es la mente la que tiene apegos. Tu verdadero ser no se apega a nada.

- Para desprenderte de tus apegos, lo único que tienes que hacer es permanecer cada vez más como Conciencia y todos tus apegos se disolverán, uno a uno.

- Puedes ser feliz en este preciso instante, al margen de lo que esté sucediendo a tu alrededor. La felicidad no es algo que tengas que buscar o esperar.

- No puedes conseguir la felicidad; solo puedes SER felicidad. Si eres feliz, estás siendo tu verdadero yo.

- *Si no te sientes feliz, procura acoger cualquier sentimiento que no sea de felicidad, y deja que esté presente sin intentar cambiarlo ni librarte de él.*

- *Cuantos más sentimientos desdichados acojas, más sentirás que la felicidad de tu verdadero ser aumenta de día en día.*

El Mundo:
Todo Está Bien

«Todo irá bien, y todo irá bien, y toda clase de cosas irán bien».

Juliana de Norwich

«Todos los místicos —católicos, cristianos, no cristianos, da igual de qué teología y de qué religión— están de acuerdo en una cosa: en que todo está bien. Todo está bien. Aunque todo sea un lío, todo está bien. Una extraña paradoja, sin duda. Pero, por desgracia, la mayoría de la gente no lo ve porque está dormida. Está teniendo una pesadilla».

Anthony de Mello, S.J., de Awareness: Conversations with the Masters

Tal vez te estés preguntando cómo es posible que todo esté bien cuando, si miramos a nuestro alrededor, vemos violencia, guerras, pobreza y destrucción; gente que se pelea, que se agrede, que discute, que se critica mutuamente y se amenaza, causando sufrimiento en todo el planeta.

Pero, a pesar de nuestra historia turbulenta, cuando se pregunta a los sabios cómo es posible que todo esté bien, siempre contestan: «porque el mundo es una ilusión».

Lo que quieren decir es que el mundo no es lo que parece ser. El mundo tal y como creemos que es —sólido y concreto, con una existencia separada de nosotros, la única realidad— es un ensueño, un espejismo.

«No hay duda alguna de que el universo es pura ilusión».
Ramana Maharshi, de The Collected Works of Ramana Maharshi

Sabemos gracias a la ciencia que todo lo físico es, básicamente, espacio; que los colores que vemos son en realidad la ausencia de esos mismos colores; y que los sonidos que oímos son de hecho una vibración que nuestro cerebro interpreta como sonido mediante señales nerviosas. Sabemos, además, que el espectro electromagnético solo constituye el 0,005 % de toda la masa del Universo, y que los seres humanos solo percibimos una *fracción* de ese porcentaje. De modo que, ¿de veras es el mundo lo que parece ser?

«Yo miro el Empire State Building, lo miras tú y seguramente nos parece igual a los dos, pero ¿cómo lo ve un insecto con cien ojos? ¿Cómo lo ve una serpiente que solo percibe la luz infrarroja? ¿Cómo lo ve un murciélago que solo conoce el eco de los ultrasonidos? Así pues, la apariencia del Empire State Building, tal y como la vemos, obedece a la mirada humana, no a la mirada del cocodrilo, y no podemos dar por sentado que el aparato sensorial humano, con el escaso ancho de banda de su experiencia, sea la única realidad. Es más, no podemos explicar por qué vemos el Empire State Building como lo vemos si nuestros ojos solo reciben fotones».
Dr. Deepak Chopra™, de «podcast» mindbodygreen

Cuando investigamos lo que suponemos que es la realidad, descubrimos que nuestras conjeturas no son verdad, pese a lo que creíamos.

«La ciencia parte de la premisa de que el mundo físico es real, y de que la materia es real. Pero se les puede preguntar a los científicos: ¿de qué está hecha la materia? Pues de moléculas, dirán. ¿Y de qué están hechas las moléculas? De átomos. ¿Y los átomos? De partículas. ¿Y las partículas?

De partículas aún más pequeñas. ¿Y de qué están hechas esas partículas más pequeñas? Pues, si no se han podido medir como partículas, son ondas de probabilidad en el espacio matemático».
Dr. Deepak Chopra™, de «podcast» mindbodygreen

Esas ondas de probabilidad no son en absoluto algo material. Solo son vacío, y solo aparecen como partículas cuando la mente humana las observa y las mide.

«Cuando pasas de una habitación a otra —cuando tus sentidos animales dejan de percibir el ruido del lavavajillas, el tictac del reloj, el olor del pollo que se asa en el horno—, la cocina y todos sus componentes aparentemente discretos se disuelven en el vacío, o en ondas de probabilidad».
Dr. Robert Lanza

La Orden Rosacruz, fundada en el siglo xiv, describe el mundo material como un cúmulo de «espectros mentales», y la física cuántica ha venido a confirmar sin lugar a dudas lo que las antiguas tradiciones sabían que era cierto.

Hace años, cuando empecé a interesarme por la física cuántica, los estudios que leí afirmaban que la habitación en la que estoy sentada ahora mismo deja de existir cuando salgo de ella, porque la habitación y todo lo que contiene vuelven a convertirse en onda de probabilidad cuando dejo de observarlos. La habitación solo se reconstituye en partículas y forma algo sólido cuando entro en ella y la observo. Antes me divertía haciendo como que salía de la habitación y me daba rápidamente la vuelta para ver si pillaba a la habitación volviendo a cobrar forma. ¡Pero nada!

«Para que la materia aparezca —en forma de guijarro, copo de nieve, o incluso de partícula subatómica—, es necesario que la observe un ser vivo».
Dr. Robert Lanza, de Biocentrismo: La vida y la conciencia como claves para comprender la naturaleza del universo

En su nivel más profundo, toda la estructura física de nuestro mundo y todo lo que contiene no es más que espacio vacío. Así que, como dice Deepak, «¿de veras es físico el mundo?».

Pero, si no es físico, entonces ¿qué es?

Toda manifestación física procede de la mente. No se trata únicamente de que la mente rija sobre la materia, sino de que la materia es mental. Todo lo que parece sólido y material —todo nuestro mundo físico y el Universo en su totalidad— es de hecho una imagen proyectada por la mente.

«Todo es Mente. El Universo entero es mental. Aquel que comprende la verdad sobre la Naturaleza Mental del Universo va muy adelantado en el Camino que conduce a la Maestría».
De El Kybalión

«El mundo y el Universo con un destilado mental».
Lester Levenson, de Happiness Is Free, *vol. 1-5*

«Incluso la estructura del átomo la ha descubierto la mente».
Ramana Maharshi

«Toda manifestación es mental».
Francis Lucille

«El pensamiento es la energía primaria y la vibración que emanaron de Dios, y es por tanto el creador de la vida, de los electrones, los átomos y todas las formas de energía».

Paramahansa Yogananda, de God Talks with Arjuna: The Bhagavad Gita

Cuando contemplas la vastedad del Universo de noche, ¿hasta qué punto estás seguro de que está fuera de ti? Ahora sabemos que cualquier imagen que vemos procede de los fotones luminosos que recibe nuestra retina y que el cerebro traduce en imagen. Luego, el cerebro da la vuelta a esa imagen y la proyecta desde el fondo del cráneo. De modo que, incluso desde el punto de vista biológico, sabemos que lo que estamos viendo está, de hecho, en nuestro interior.

Cuando miramos el mundo, no lo vemos desde fuera de nosotros, sino desde *dentro*. Los sentidos a través de los cuales percibimos el mundo exterior se hallan dentro de nosotros, y los experimentamos desde el interior. Cuando tocas algo, lo sientes desde dentro de ti, no desde fuera. Haz la prueba. Cuando alguien te abraza, es desde tu interior desde donde ves y sientes sus brazos.

Cuando oyes sonidos, no los oyes desde fuera, sino dentro de ti. Cuando mueves el cuerpo, sientes y experimentas cada sensación de movimiento desde el interior. Ni tus sentidos ni tus sensaciones demuestran que haya un mundo ahí fuera que exista ajeno a nosotros.

«Nosotros creamos este universo entero y hemos olvidado que lo creamos. Decimos que es real y que está separado de nosotros, pero en realidad solo es una imagen que proyecta nuestra mente. El único lugar donde puedes ver este mundo es tu mente. Déjala dormir y no habrá más mundo. No la despiertes de su sueño y el mundo no volverá a existir. Tú, en cambio, seguirás siendo».

Lester Levenson, del audio Will Power

Todo lo que ves, desde una cucharilla, al cielo y el sol, es una proyección mental. Igual que un proyector cinematográfico, la mente proyecta las imágenes de nuestro mundo. Es como estar en una sala de cine en 360 grados, con imágenes arriba, abajo y en derredor, y sonido envolvente. Una experiencia muy convincente.

«La existencia del mundo como realidad independiente es un espejismo».

Francis Lucille

El mundo tal y como lo ves —un mundo que parece existir autónomamente, fuera de nuestros cuerpos— es una ilusión creada por la mente. La aparente solidez de las cosas es una ilusión creada por la mente. Su aparente tridimensionalidad es una ilusión creada por la mente.

Las imágenes del mundo y lo que percibes de él a través de tus sentidos son como el mundo onírico que experimentas cuando duermes. El contenido del sueño y tu experiencia en él son por completo fruto de la mente, y lo mismo puede decirse de tu experiencia del mundo cuando estás despierto: solo tiene lugar dentro de tu mente.

«Sabiendo que nuestra mente posee este poder maravilloso de creación y autoengaño, ¿acaso es ilógico que sospechemos que el cuerpo que identificamos con nuestro «Yo» y el mundo que creemos reales en nuestro actual estado de vigilia puedan, de hecho, no ser nada más que una mera fantasía o una proyección mental, igual que el cuerpo y la realidad que experimentamos en sueños? ¿Qué pruebas tenemos de que el cuerpo y el mundo que percibimos estando despiertos son otra cosa más que una creación de nuestra mente?».

Michael James, de La felicidad y el arte de ser

«En tu imaginación has escrito y proyectado en una pantalla un espectáculo cinematográfico con actores, escenas y público y has perdido de vista el hecho de que está todo dentro de tu mente».

Lester Levenson, de Happiness Is Free, *vol. 1-5*

«El mundo está hecho de pensamientos e ideas».

Mi maestra

«Lo que vemos ahí fuera está dentro de nuestra mente».

Lester Levenson, de Happiness Is Free, *vol. 1-5*

«Todo aquello a lo que le hemos puesto nombre —latitud, longitud, hora del meridiano de Greenwich, naciones, estados, estrellas, galaxias, todo lo que nombramos— es un constructo humano. Así pues, nosotros hemos creado el mundo a lo largo de miles de años. Somos los narradores del cuento».

Dr. Deepak Chopra™, de su charla en la Conferencia SAND, 2018

No solo hemos creado este mundo mediante nuestro pensamiento individual y colectivo, sino que estamos creando todo lo que experimentamos segundo a segundo.

«¿Ese espejismo llamado mundo? El mundo solo es una ilusión que nosotros hemos creado. Algún día descubrirás que tú has creado este universo entero, que solo es una amalgama de todos nuestros pensamientos».
Lester Levenson, del audio Will Power

¿Y cuál es el poder que puede convertir los pensamientos en un mundo y un Universo aparentes? Es la Conciencia Infinita, el único poder que hay. La Conciencia Infinita es el único poder que existe. No tiene rival. Y eso eres tú.

Todo Es Consciencia-Conciencia

«El mundo no es, en conjunto, como lo describen nuestros libros de texto. Desde hace siglos, más o menos desde el Renacimiento, el pensamiento científico ha estado dominado por una sola visión del constructo del cosmos. Este modelo nos ha brindado un conocimiento ingente de la naturaleza del universo y ha dado lugar a incontables aplicaciones técnicas que han transformado todos los aspectos de nuestra vida cotidiana. Pero este modelo está llegando al final de su vida útil y tiene que ser reemplazado por un paradigma radicalmente distinto que refleje una realidad más honda, absolutamente ignorada hasta ahora».
Dr. Robert Lanza, de Biocentrismo: La vida y la conciencia como claves para comprender la naturaleza del universo

«Por alguna razón inexplicable, el elemento más común en toda experiencia posible —la consciencia— se ha mantenido oculto, secreto».
Dr. Deepak Chopra™

En sus charlas, Deepak Chopra™ aborda dos de los problemas científicos más difíciles, aún sin resolver:

1. ¿De qué sustancia está hecho el Universo?

2. ¿De dónde procede la consciencia?

«La ciencia no puede resolver el misterio último de la naturaleza. Y ello se debe a que, en última instancia, nosotros también somos parte de la naturaleza y, por tanto, parte del misterio que intentamos resolver».
Max Planck, físico cuántico, de ¿Adónde va la ciencia?

Mientras los científicos sigan creyendo en un modelo que ve el mundo como una realidad objetiva, material, sólida y separada, no descubrirán cuál es la verdadera sustancia que compone el Universo. Desde hace siglos ha habido, sin embargo, sabios que conocían la respuesta a los mayores enigmas sin resolver de la ciencia.

¿Cuál es la sustancia del Universo?
La Consciencia es la sustancia del Universo.

¿De dónde procede la Consciencia?
La Consciencia no procede de ningún lugar. Todo procede de la Consciencia.

La Consciencia o Conciencia es infinita; está en todas partes al mismo tiempo, de modo que ¿cómo podría proceder de algún sitio?

Sabemos gracias a la ciencia que el Universo material que conocemos tuvo su principio en el Big Bang, lo que significa que ha de tener también un final, como prevén ya los científicos. Si tiene principio y fin, eso significa que nuestro Universo es finito, y si es finito ¡debe proceder de algo que es *infinito*! El Universo surgió de la Consciencia, y la Consciencia, que es infinita, es el cimiento mismo y la sustancia de la que se compone nuestro Universo y todo lo que hay en él.

Eres Consciencia Infinita, Conciencia Infinita, lo que significa que, en definitiva, el Universo *eres tú, está en ti.*

«El universo entero se halla contenido en un solo ser humano: en ti».
Rumi

El mundo, el Universo y todo lo que contiene, incluido tu cuerpo, están en la Conciencia. Se fundan sobre la Conciencia y en ella moran. La Conciencia es omnipresente; está en todas partes, y todo está en ella y surge de ella. La Conciencia es omnisciente; todo lo conoce, porque todo lo contiene. La Conciencia es omnipotente; es toda ella poder, porque no hay más poder que ella.

«Tú, tú mismo, eres la energía eterna que se manifiesta como este universo».
Alan Watts, de Nature of Consciousness

La Película del Mundo

Cuando vamos al cine o vemos la televisión, no podríamos ver las imágenes si no hubiera una pantalla. La mente también necesita una pantalla para que se vean las imágenes del mundo que proyecta. Y esa pantalla es la Conciencia.

La película del mundo que proyecta nuestra mente se asienta y tiene su apoyo en la pantalla de la Conciencia, lo que significa que eso que llamamos mundo está hecho, en resumidas cuentas, de Conciencia: de esa única Conciencia Infinita que somos todos. Cuando los sabios dicen «somos uno» y «somos todo», se refieren a eso. *Somos* absolutamente todo, porque somos la única Conciencia dentro de la cual y sobre la cual existe todo.

«Así pues, toda esta manifestación no es nada, en realidad. Es solo la conciencia que, semejante al espacio, vibra creando patrones, formas, figuras».
Sailor Bob Adamson, de ¿Qué tiene de malo este momento a no ser que te pares a pensar en ello?

«El estado subyacente de conciencia es como la atmósfera en la que todas estas cosas tienen cabida, la pantalla de cine en la que se suceden. Nada le afecta. Nada la roza».
Jan Frazier, de When Fear Falls Away

«Nada es lo que parece, y Tú tampoco. Solo tienes que mirar un poco más adentro y sondear un poco más hondo».
Pamela Wilson

¿Quieres Cambiar el Mundo?

«El cambio social es de importancia secundaria; se producirá de forma natural, inevitablemente, cuando tú, como ser humano, efectúes el cambio en tu interior».
J. Krishnamurti, de la tercera charla pública, Santa Mónica, 1970

«Conciencia es lo que somos. No viniste al mundo para salvarlo, sino para amarlo».

Anthony de Mello, S.J.

«Quieres que el mundo sea distinto. Supongamos que se te concediera el don de borrar el mundo tal y como es y reconstruirlo como te gustaría que fuese: sin guerras, sin tiranos, sin mosquitos, sin cáncer, sin dolor, y todo sonrisas. El resultado sería muy aburrido, no tendría ningún sabor. Entonces empezarías a añadirle un poco de sal y pimienta y, al final, acabarías como al principio y te darías cuenta de que era perfecto tal y como estaba».

Francis Lucille, de Flores del silencio

Mientras sigamos apegados a nuestras creencias y al convencimiento de que somos individuos separados, el mundo nunca estará en paz. Miles de millones de egos solo pueden generar conflicto, porque los egos son inestables: nunca se pondrán de acuerdo. La Conciencia, no obstante, lo permite todo. La Conciencia permite el espejismo, las falsas creencias, la ausencia de paz, el conflicto, el sufrimiento y las guerras, porque solo el amor permite que todo exista. Que te liberes de todo pesar no depende de que se haga la paz en el mundo, sino de que comprendas que te has tomado equivocadamente a ti mismo por una persona, y de que te percibas como lo que eres: el Ser Infinito, el único que existe.

«El Ser infinito no se preocupa por las calamidades del mundo, porque ninguna de esas cosas le afecta».

David Bingham

«Cuando veas que tú eres el mundo, este tendrá un aspecto completamente distinto al que tenía antes, cuando parecía separado. Lo amarás y te identificarás con él y con todo lo que contiene».

Lester Levenson, de Happiness Is Free, *vol. 1-5*

«Cuanto más conscientes nos hacemos, más brota el amor. La autorrealización va acompañada de la comprensión de que todo eres tú, de modo que es imposible hacerle daño a nada».
David Bingham

La Conciencia le dice sí absolutamente a todo. La Conciencia permite que todo sea libre de ser como es, porque el mundo y todo lo que hay en él es Conciencia: es su propio ser, nuestro propio ser. Lo que significa que no puede haber nada que se nos oponga. Ninguna desgracia puede acontecernos. Ninguna bomba atómica, ningún meteorito puede destruirnos. Ninguna carencia, ninguna limitación puede afectarnos. Porque, en resumidas cuentas, *somos* todo. Y cuando cobres conciencia de tu verdadero ser y reposes como Conciencia, sabrás que:

Da igual cómo se presenten las cosas del mundo: siempre, siempre está todo bien.

CAPÍTULO 11 *Resumen*

- El mundo tal y como creemos que es —sólido y concreto, con una existencia separada de nosotros, la única realidad— es un espejismo.

- En su nivel más profundo, toda la estructura física de nuestro mundo y todo lo que contiene no es más que espacio vacío.

- La materia es mental. Todo lo que parece sólido y material —todo nuestro mundo físico y el Universo en su totalidad— es de hecho una imagen proyectada por la mente.

- El contenido de tus sueños y tu experiencia en ellos son por completo fruto de la mente, y lo mismo puede decirse de tu experiencia del mundo cuando estás despierto: solo tiene lugar dentro de tu mente.

- El poder que puede convertir los pensamientos en un Universo aparente es la Conciencia Infinita, el único poder que hay.

- El Universo surgió de la Consciencia, y la Consciencia, que es infinita, es el cimiento mismo y la sustancia de la que se compone nuestro Universo y todo lo que hay en él.

- El mundo, el Universo y todo lo que contiene, incluido tu cuerpo, están en la Conciencia. Se fundan sobre la Conciencia y en ella moran.

- Mientras sigamos apegados a nuestras creencias y al convencimiento de que somos individuos separados, el mundo nunca estará en paz. Miles de millones de egos solo pueden generar conflicto.

- *Que te liberes de todo sufrimiento no depende de que se haga la paz en el mundo, sino de que comprendas que te has tomado equivocadamente a ti mismo por una persona, y de que te percibas como lo que eres: el Ser Infinito, el único que existe.*

- *La Conciencia le dice sí absolutamente a todo. La Conciencia permite que todo sea libre de ser como es, porque el mundo y todo lo que hay en él es Conciencia: es su propio ser.*

- *Da igual cómo se presenten las cosas del mundo: siempre, siempre está todo bien.*

AL FINAL...
NO HAY FINAL

¿Y si aquello que todos tememos no fuera cierto? ¿Y si no existiera la muerte tal y como la concebimos? ¿Y si, al morir, despertáramos?

«¿De dónde vengo y adónde voy? Ese es el enigma insondable, la gran pregunta que nos hacemos todos. Una pregunta para la que la ciencia no tiene respuesta».

Max Planck, físico cuántico

«Aunque el cuerpo muera, la muerte no puede rozar el espíritu que lo trasciende».

Ramana Maharshi, de The Collected Works of Ramana Maharshi

«Si crees que solo eres cuerpo y mente, ese "tú" morirá algún día, no hay duda. Cuando descubras que eres conciencia no nacida e imperecedera, el miedo a la muerte dejará de preocuparte. Es entonces, de hecho, cuando muere la muerte».

Mooji

«Cuando despiertas, todo el miedo —incluido el miedo a la muerte física— desaparece. Ello se debe a que lo que eres de verdad no puede sufrir ningún daño».

Jan Frazier, de The Freedom of Being

«La muerte es un despojarse de todo lo que no eres tú. El secreto de la vida es "morir antes de morir" y descubrir que la muerte no existe».

Eckhart Tolle, de El poder del ahora: un camino hacia la realización espiritual

Morir antes de morir significa poner fin al engaño de la mente, que te hace creer que eres solamente una persona. Significa despojarte de la *idea* de ser una persona y darte cuenta de que eres en realidad Conciencia Infinita. Solo entonces «mueres antes de morir» y descubres la verdad: que no hay muerte alguna.

«De entre todo aquello que los seres humanos pueden aprender en esta vida, tengo la mayor nueva que darte, la cosa más bella que pueda compartirse: eres lo que no tiene forma, lo que no cambia, lo que nunca fenece».

Mooji, de Fuego blanco, *segunda edición*

Tú, tu mente corpórea y el mundo que ves formáis parte de la misma realidad virtual. Tu verdadero yo es consciencia sin forma y, cuando te identificas con ella, ves que todas las demás identidades que tengas son provisionales. Marido, padre, hijo, esposa… son identidades provisionales que nacen y mueren; son irreales y se transforman continuamente. La única identidad absoluta que tienes es el ser infinito, inconcebible y sin forma que se metamorfosea en cualquier objeto conforme a los constructos de esa realidad».

Dr. Deepak Chopra™, del «podcast» mindbodygreen

«Hemos olvidado que somos consciencia y nos hemos identificado con objetos. Pensamos: "Soy cuerpo y por lo tanto voy a morir". Sin embargo, la consciencia no se encuentra en ningún cuerpo. El cuerpo aparece en la consciencia, la mente aparece en la consciencia, el mundo aparece en la consciencia. Eso es lo que experimentamos. Pero, pese a todo, superponemos a nuestra experiencia la noción contraria: que la consciencia está en la mente, que la mente está en el cuerpo y que el cuerpo está en el mundo».

Francis Lucille, de Flores del silencio

«Ahora piensas que eres un cuerpo y, por tanto, te identificas con su nacimiento y su muerte. Pero no eres un cuerpo; no naces ni mueres».

Ramana Maharshi, de Be as You Are

«Así pues, la verdadera respuesta a la muerte es que se trata de otro constructo humano. Si crees en el mundo físico, tienes que creer en la muerte y en el nacimiento. Ten presente, no obstante, que eres un ser sin forma —es decir, informe— que se percibe a sí mismo como forma. O sea, que ahora mismo ese ser informe se está percibiendo a sí mismo como una mente corpórea».

Dr. Deepak Chopra™, del «podcast» mindbodygreen

«Has asumido que morirás únicamente porque alguien te dijo que naciste y lo has aceptado como válido».

Sri Poonja (Papaji), de The Truth Is

«Nunca ha habido un tiempo en que yo o tú no existiéramos, ni hay futuro alguno en el que vayamos a dejar de existir».

Krishna

No concibes no ser, porque no puedes no ser. Si te imaginas no siendo, es porque hay una Conciencia que te está imaginando no siendo. ¡Y ahí está otra vez la Conciencia!

«Cuando eres un bebé, no sabes que esto es una mesa y eso una mano, y que tienes un cuerpo. Lo único que percibes es un universo pegajoso con montones de colores, sensaciones, imágenes, sin pensamiento aún, solo con una percepción de confusión y maravilla. Luego incorporamos conceptos; eres varón, americano, humano, eso es una estrella, eso una galaxia, eso el planeta Tierra. Así es como funciona la visión científica del mundo. De modo que, de pronto, te encuentras mirando el mundo a través de un filtro. La consciencia se ha convertido en mente condicionada que te brinda una experiencia de un mundo y un cuerpo físicos. Y, como eso es lo que has edificado en tu consciencia, empiezas a preocuparte por el nacimiento y la muerte. Pero eso son conceptos humanos. No hay nacimiento ni hay muerte; no hay cuerpo físico ni hay Universo. Solo hay consciencia infinita, y eres TÚ».

Dr. Deepak Chopra™, del «podcast» mindbodygreen

«La inmortalidad se alcanza en la medida en que se supera la percepción personal. Cuando dejamos a un lado el ego individual y alcanzamos la consciencia de nuestro verdadero Ser, alcanzamos la inmortalidad. Y eso puede lograrse aquí y ahora».

Joel S. Goldsmith, de El camino infinito

«La muerte no es extinguir la luz; es tan solo apagar la lámpara porque ha llegado el alba».

Rabindranath Tagore

¿Qué ocurre cuando alguien muere?

«Es como despertar después de un sueño. Exactamente igual».

Mi maestra

Los maestros afirman rotundamente que la Conciencia o Consciencia no nació ni morirá nunca. Eso supone que, cuando un cuerpo llega a su fin, la Conciencia o Consciencia sigue como siempre: plenamente consciente y viva.

Quizá sea entonces cuando te das cuenta de que nunca has sido un cuerpo, porque te encuentras plenamente consciente y tan vivo como antes, solo que sin cuerpo. La Conciencia no necesita un cuerpo para ser consciente. Cuando el cuerpo acaba, no pasa ni un segundo sin que seas consciente, ni la millonésima parte de segundo sin que permanezcas en conciencia plena. Eres consciencia eterna e infinita, estás total y absolutamente vivo, con cuerpo o sin él.

«Consciencia y conciencia no tuvieron principio ni tendrán fin».
Dr. Robert Lanza, de Más allá del biocentrismo. Repensando el tiempo, el espacio, la conciencia y la ilusión de la muerte

«La vida no tiene opuesto. Lo opuesto de la muerte es el nacimiento. La vida es eterna».
Eckhart Tolle, de El silencio habla

¿Cómo cambiaría tu vida si tuvieras la certeza de que nadie muere? ¿Qué pasaría si supieras con total seguridad que tú y todos los demás sois el Ser Infinito y eterno? ¿Cómo sería tu vida si tuvieras ese conocimiento, si estuvieras convencido de que es la verdad?

Cuentan los sabios que, cuando conoces la verdad, la vida se vuelve extraordinariamente sencilla y ligera. Hay risa en abundancia, amor ilimitado y un disfrute absoluto de todo lo que sucede. Se saborea cada instante y se aprecian fervorosamente la maravilla y el esplendor de la manifestación de este mundo. Afloran una compasión y un amor profundos por la humanidad y por todos los seres vivos.

Cuentan los sabios que la gente y las cosas que antes te molestaban, dejan de molestarte. Que ya no ves ningún problema ni crees que nada sea tan grave como creías antes. Que contemplas con ánimo ligero los vaivenes del mundo, como si fueran una película que estás viendo. Y que te embarga una paz indecible al saber que, ocurra lo que ocurra, ni tú ni nadie tiene fin, nunca.

Desde el momento en que descubrí El Secreto, supe que no moríamos. En cuanto comprendí que hay leyes que rigen nuestro pensamiento y nuestra vida física —como la ley de causa y efecto, la ley de atracción y el karma—, supe que teníamos que vivir mucho más allá de esta vida limitada. Lo contrario sería ilógico, ¿no? ¿Cómo podría nadie dominar esas leyes en el transcurso de una sola vida? Hasta Buda afirmó que había vivido quinientas vidas antes de comprender la verdad, ¡y era Buda!

«El sentido del "Yo" tal y como lo utilizas, para referirte a tu individualidad, no se pierde nunca. Se expande. Lo que ocurre al descubrir lo que eres de verdad es que empiezas a ver que también eres los demás. Que eres yo, que solo somos Uno, que eres y has sido siempre el único y glorioso Ser Infinito».
Lester Levenson, de Happiness Is Free, *vol. 1-5*

Avatar

«Todo esto es un juego al que juega la consciencia: el juego de disfrazarse, de fingir que es de verdad una persona».
David Bingham

«Nuestra naturaleza esencial —la Conciencia pura— no gana ni pierde nada con la peripecia humana».
Rupert Spira, de Las cenizas del amor

Vivir una vida terrenal es como tener un avatar en un juego de ordenador. Cuando tu cuerpo muere en el juego, eliges otro y sigues jugando. Usas un avatar tras otro hasta acabar la partida. Algunas tradiciones afirman que en la vida humana también adoptamos un cuerpo nuevo cada vez que morimos, hasta que «acabamos la partida» al despertar y darnos cuenta de que somos, en realidad, Conciencia.

Es muy probable que todos hayamos vivido múltiples vidas; seguramente, centenares de ellas. Pero es hora de despertar a la verdad en la que se deleitan la Consciencia y el Universo. ¡Por eso *esta* vida es la más importante de todas!

«Estás aquí para hacer posible que el propósito divino del universo se despliegue. ¡Así de importante eres!».
Eckhart Tolle, de El poder del ahora: un camino hacia la realización espiritual

Has de descubrir la verdad por ti mismo; nadie te la puede dar. ¿Cómo podría dártela otra persona? ¡Ya eres Tú! Como mucho, alguien puede indicarte el lugar adecuado donde buscar. Debes llegar a la verdad *por experiencia propia*, no a través de lo que te digan otros.

«Tú, el mundo y el universo entero sois variaciones de la conciencia. El universo y tú sois conciencia en movimiento».
Dr. Deepak Chopra™, del «podcast» mindbodygreen

«Lo que eres en esencia, en lo más hondo, en lo más recóndito de tu ser, es sencillamente el tejido y la estructura de la existencia misma».
Alan Watts, de Out of Your Mind

«Cuando sentimos de verdad que el universo está dentro de nosotros, que somos nosotros, que no hay separación y que todo es unidad, el universo y los hechos del mundo se despliegan conforme a ese enfoque, que es el enfoque correcto. Revelan la santidad, la naturaleza sagrada del mundo.

Revelan el milagro perpetuo. Primero se experimenta como un sentimiento y más adelante nos lo confirma nuestra vivencia del mundo».

Francis Lucille, de Flores del silencio

De Ser Humano a Ser Infinito

Mi maestra dice que comprender que somos el Ser Infinito es solo una decisión. El único que puede decidirlo eres tú, el Ser Infinito. Por tanto, la decisión de comprender plenamente quién eres no es muy distinta a la de beber un vaso de agua. Puedes decirte: «Es mi intención ser plenamente consciente de mi verdadera naturaleza, la Conciencia. Voy a cumplir mi propósito y a vivir en el gozo de la Conciencia Infinita que soy. He tomado la decisión de comprender plenamente la Conciencia pura, eterna e indestructible que soy».

«Reúne todos tus deseos, todos tus afanes, todo su peso y su ruido. Mételos en una caja y ciérrala bien. Mete la caja en un camión que se aleje de ti y no vuelva. Queda algo, ¿verdad? Sigues ahí. Te sientes ser. Bienvenido a casa».

Jan Frazier, de The Freedom of Being

El maravilloso viaje que hemos hecho juntos a lo largo de las páginas de este libro ha tenido por objeto indicarte el rumbo que te lleve a abandonar la idea de que solo eres un ser humano y a cobrar conciencia de que eres el Ser Infinito. Su propósito ha sido mostrarte el camino que lleva del sufrimiento a una vida de paz y felicidad gozosa, y liberarte del dolor, la pena, la ansiedad, la preocupación y los problemas para que puedas vivir en la dicha constante de la Conciencia. Tu verdadero ser, la Conciencia, es lo *único* inmutable y permanente que existe. Todo lo demás viene y va, aparece y desaparece. Tú, en cambio, eres lo que nunca va y nunca viene. La Conciencia conoce cada segundo de tu experiencia vital —que sin embargo no le afecta ni le daña— y todo lo acoge con los brazos abiertos.

«Estamos viviendo la época más emocionante, compleja y decisiva de la historia humana. Nunca antes han sido posibles tantas cosas; y nunca antes ha habido tanto en juego».

Peter Russell, físico y escritor

Gracias a las palabras de los seres conscientes que contiene este libro, has empezado a despertar, y eso ya nunca podrás perderlo, vayas donde vayas a partir de ahora. Si antes la compleja ilusión de la mente parecía no tener fisuras, ahora su tejido se ha rasgado. Ese desgarro nunca podrá cerrarse por completo para dejar de nuevo tu mente en la oscuridad de la ignorancia. La Conciencia, el Ser Infinito que eres, se asegurará de que el tejido de la ilusión siga rasgándose hasta que la verdad se desvele por completo y se haga presente, y te reencuentres al fin con tu verdadero ser.

«Cuando damos un paso hacia el Ser, el Ser da nueve pasos hacia nosotros».

Lester Levenson

Puede que algunas personas despierten en el acto mientras leen este libro, pero para la mayoría el despertar es un largo viaje. Mientras sigas desprendiéndote de creencias y sentimientos negativos y continúes practicando para permanecer como Conciencia lo mejor posible, la Conciencia seguirá expandiéndose dentro de ti. Con el tiempo, se expandirá tanto que te darás cuenta de que el Universo entero y todo lo que hay en él se hallan dentro de ti.

Se trata de un viaje a ninguna parte, dado que no hay ningún sitio al que ir: ya eres todo lo que estás buscando; lo tienes aquí mismo, en este instante.

Como dice Rupert Spira: «No hay adonde ir. Inténtalo, prueba a dar un paso hacia ti mismo. No puedes».

El Ser Infinito que eres ya está presente, ahora mismo. Si todavía no eres plenamente consciente de ello, es solo porque tu mente te ha convencido de que eres una persona. Pero eso ya está cambiando.

«Cuando cobramos conciencia del Ser, no podemos desprendernos ya de ese conocimiento. Podemos, no obstante, optar por volver a enfrascarnos en la individualidad».

David Bingham

Vigila tu mente, porque intentará convencerte diciéndote toda clase de cosas, como por ejemplo: «Esto no te interesa. ¡Qué aburrido sería ser Conciencia todo el tiempo! Vamos a quedar con algún amigo y a salir por ahí a divertirnos». Divertirse está muy bien, claro, y tu ser verdadero disfruta haciéndolo. Cuando vivas como tu verdadero ser, la Conciencia, seguirás divirtiéndote y saliendo con tus amigos. De hecho, como Conciencia, te divertirás aún más que antes. Te reirás un montón. Harás las mismas cosas que hacías antes. La única diferencia es que lo harás todo en paz y felicidad constantes, sin miedo, sin preocupación, sin tristeza ni estrés.

«Aunque fueras astronauta y descubrieras galaxias desconocidas, ese hallazgo no sería nada comparado con el descubrimiento de tu propio Ser aquí, en la Tierra».

Mooji, de Fuego blanco, *segunda edición*

Quiero que entiendas que el Ser Infinito que eres es el «yo» que sientes que eres ahora mismo. No hay ninguna otra versión de ti en la que tengas que convertirte primero para transformarte en el Ser Infinito. Cuando descubrí esto, llevaba mucho tiempo buscando otra versión de mí misma, hasta que me di cuenta de que es el Ser Infinito el que es consciente a través de mi cuerpo, en este instante.

«Eres Divino. Es hora de que empieces a ejercer como tal; deja de fingir que no lo eres».
Pamela Wilson

¿Quién Eres?

«Somos Dioses que actúan como bufones de pacotilla».
Lester Levenson

«El único objeto de esta vida —su único propósito— es ser la totalidad de lo que eres. Esa es nuestra intención secreta y, para lograr nuestro propósito, habremos de desprendernos de todo aquello que creemos necesario: parejas, casas, seres queridos… Hasta del propio cuerpo».
Mi maestra

Cuando rompemos con nuestra pareja o perdemos a un ser querido, o nuestra vida parece desmoronarse, podemos sufrir muchísimo, pero a menudo, gracias a ese sufrimiento, empezamos a preguntarnos por el sentido de la vida. Muchos sabios iluminados han sufrido grandes padecimientos, y ha sido ese sufrimiento el que los ha llevado a cuestionarse a fondo la vida y el que los condujo, en definitiva, a la verdad de lo que son.

Puede ser difícil, cuando estás sufriendo, pensar siquiera que el dolor que padeces pueda conducirte a algo maravilloso, pero, en efecto, el sufrimiento ha llevado a muchos directamente al paraíso de su verdadero ser.

«Que el sufrimiento se convierte en una puerta que conduce a la paz. Que el dolor es una trampilla que, al detenernos sobre ella, se abre bajo el peso inmenso de la aceptación plena. Que las mismas cosas que creemos que nos impiden alcanzar la paz son ventanas al otro lado de las cuales se halla nuestro reposo. Que, si no comprendemos esto, los obstáculos siguen llegando, uno tras otro, porque los atraemos como un imán atrae las limaduras de hierro. Que el ser humano es muy poderoso y que apenas nos damos cuenta de ello. Y que este desconocimiento es el mayor obstáculo de todos».

Jan Frazier, de When Fear Falls Away

Ahora, sin embargo, ya lo sabes.

«Eres eternamente tú. El resto solo es un sueño. Por eso se llama despertar al autodescubrimiento».

Mooji

«Solo es un sueño»: esa es la verdad que se esconde detrás de todo lo que ves y experimentas. Este descubrimiento no significa que no debamos compadecernos de quienes lo pasan mal porque se encuentran en una situación difícil. Cuando conoces la verdad, sin embargo, la paz y la serenidad que emanan de ti envuelven a esas personas, las reconfortan y calan en ellas sin necesidad de palabras. Cuando sabes que todo está bien, pase lo que pase, te liberas por fin de toda negatividad y tu presencia es un enorme consuelo para quienes sufren. Se dice que un solo individuo que vive plenamente como Conciencia Infinita contrarresta la negatividad de millones de personas. Tal es el poder del puro amor de la Conciencia.

«Eres Dios en un cuerpo físico. Eres Espíritu encarnado. Eres Vida Eterna que se expresa como Tú. Eres un ser cósmico. Eres omnipotente.

Eres omnisciente. Eres inteligencia pura. Eres perfección. Eres magnificencia».

De El Secreto

Eres la Conciencia que, semejante al espacio, contiene y sostiene en su sitio el planeta Tierra, el sol, las estrellas, las galaxias y el Universo entero. Eres el sustrato de la existencia.

«Te empeñas en ir a derecha o izquierda o hacia fuera, pero la respuesta a todo está en tu verdadero ser. Y todo en el mundo apunta de vuelta a ti».

Mi maestra

«No hay nada ni nadie que pueda completarte. Ya estás entero y completo tal y como eres aquí y ahora».

Hale Dwoskin

«Por Dios que, cuando veas tu belleza, serás tu propio ídolo».

Rumi

«Lo único que tienes que hacer es descubrir lo que ya posees. Por eso lo llamamos "darse cuenta": porque de pronto adviertes que ya está ahí, que ha estado ahí desde el principio».

Jan Frazier, de When Fear Falls Away

Los seres humanos llevamos haciéndonos las mismas tres preguntas desde que habitamos el planeta Tierra. ¿Quién soy? ¿De dónde vengo? ¿Adónde voy? La respuesta a las tres es la misma: Conciencia, Conciencia, Conciencia.

«De la dicha nacen todos los seres; en la dicha moran; a la dicha vuelven».

Taittiriya Upanishad

Bienvenido a casa, al lugar del que nunca te fuiste.

«No te preocupes absolutamente por nada. No estás aquí por azar. Esta forma solo es un disfraz pasajero. El que está detrás del disfraz, en cambio, es eterno. Has de saberlo. Si lo sabes y confías en ello, nada ha de preocuparte».

Mooji, de Fuego blanco, *segunda edición*

«Lo que me pasó a mí puede pasarte también a ti. Quizá creas que no es posible liberarse, dejar de sufrir, gozar dejándose llevar por una corriente cálida cada día, al margen de lo que te depare la vida. Pero heme aquí para decirte que es posible».

Jan Frazier, de When Fear Falls Away

Cuando la mente se acalla, el Ser Infinito que eres y que todo lo conoce toma el mando.

«Cuando seas permanentemente lo que eres de verdad —es decir, consciencia-conciencia—, verás resueltas todas tus dudas. Todos tus deseos se harán realidad».

Mi maestra

Tu lucidez será completa. Nunca volverás a padecer confusión o incertidumbre.

«Hemos de funcionar por intuición, completamente. Desde el momento en que actúes conforme a la intuición que eres, tu vida será bellísima».

Mi maestra

Todo sufrimiento puede cesar aquí y ahora. La Conciencia es tu puerta de salida para dejar atrás el sufrimiento, la llave para acceder a la inmortalidad y a una vida rebosante de risas, alegría, prosperidad, belleza y dicha.

«La luz de un solo ser humano que descubre la verdad lleva miles de años alumbrando la existencia humana. Tal es el poder de un ser humano que toma conciencia de la verdad de lo que somos».

Mooji

«Ha habido gente que, a pesar de ser poco conocida, ha ejercido una enorme influencia benéfica en el curso de su vida. Y mayor aún es el número de los que no figuran en los anales de la historia. Pero, aunque los hayamos olvidado, la inteligencia y el amor que volcaron en el mundo siguen llegando hasta nosotros. El verdadero regalo que le hacemos al mundo es ser una fuente de amor y claridad, y saber que, para ser esa fuente, uno tiene que conocerse íntimamente a sí mismo».

Francis Lucille, de Truth Love Beauty

«Un individuo provisto solo de amor puede enfrentarse al mundo entero, porque el amor es inmensamente poderoso. Ese amor no es otra cosa que el Ser. Ese amor es Dios».

Lester Levenson, de Happiness Is Free, *vol. 1-5*

Hay una única fuente de perfección ¡y esa fuente eres tú! Cuando veas amor por todas partes, ten presente que ese amor eres tú. Cuando contemples un hermoso atardecer, no dudes de que la belleza que contemplas es la tuya. Cuando sientas felicidad por doquier, reconócete en ella. Allí donde haya risas, ten por seguro que es la alegría infinita que irradias. Cuando observes la variedad asombrosa de formas de vida que hay en el mundo, no dudes de que la energía que las alienta es la del Ser Infinito, que eres también tú. Lo único que existe es la gloria del Ser Infinito y único, el verdadero yo, pura Conciencia-Consciencia. Y eso eres tú.

En definitiva, cada momento y cada circunstancia de tu vida te están in-dicando el camino a casa: a la Conciencia. Todo aquello que te duele en la vida es, sin excepción, una llamada de atención que te indica que vas por el camino equivocado: que estás creyendo algo que no es cierto. Somos el hijo pródigo. A veces nos tambaleamos, nos caemos muchas veces, nos magullamos y hacemos daño, sufrimos y nos asustamos, pero el propósito de todo ello es que comprendamos, recordemos y reconozcamos lo que somos de verdad —Conciencia eterna— y tengamos la certeza de que no hay para nosotros final alguno.

Esa es la verdad, sencilla pero maravillosa, que muy pocos conocen. Ese es El Secreto Más Grande.

Que No Hay Final

∞

CAPÍTULO 12 *Resumen*

- La muerte, tal y como la concebimos, no existe. El cuerpo muere, pero la muerte no puede rozar el espíritu.

- Morir antes de morir significa despojarte de la idea de ser una persona y darte cuenta de que eres en realidad Conciencia Infinita.

- Cuando el cuerpo acaba, Conciencia y Consciencia permanecen como siempre: plenamente despiertas y vivas.

- Cuando conoces la verdad, la vida se vuelve extraordinariamente sencilla y ligera. Hay risa en abundancia, amor ilimitado y un disfrute absoluto de todo lo que sucede. Afloran una compasión y un amor profundos por la humanidad y por todos los seres vivos.

- Tu verdadero ser, la Conciencia, es lo único inmutable y permanente que existe. Todo lo demás viene y va, aparece y desaparece.

- Vivir una vida terrenal es como tener un avatar en un juego de ordenador. En nuestra vida humana también adoptamos un cuerpo nuevo cada vez que morimos, hasta que «acabamos la partida» al despertar y darnos cuenta de que somos, en realidad, Conciencia.

- Cuando vivas como tu verdadero ser, te divertirás aún más que antes. Harás las mismas cosas que hacías antes. La única diferencia es que lo harás todo en paz y felicidad constantes.

- El único propósito de esta vida es ser la totalidad de lo que eres.

- A menudo, gracias a ese sufrimiento, empezamos a preguntarnos por el sentido de la vida. El sufrimiento ha llevado a muchos directamente al paraíso de su verdadero ser.

- Cuando sabes que todo está bien, pase lo que pase, te liberas por fin de toda negatividad y tu presencia es un enorme consuelo para quienes sufren.

- La Conciencia es tu puerta de salida para dejar atrás el sufrimiento; es la llave para acceder a la inmortalidad y a una vida rebosante de risas, alegría, prosperidad, belleza y dicha.

- Cuando veas amor por todas partes, ten la certeza de que ese amor eres tú.

- Todo aquello que te duele en la vida es, sin excepción, una llamada de atención que te indica que vas por el camino equivocado: que estás creyendo algo que no es cierto.

- El propósito de cuanto sucede es que comprendamos, recordemos y reconozcamos lo que somos de verdad: Conciencia eterna.

El Secreto Más Grande

Ejercicios

Afirmación:

«Es mi intención ser plenamente consciente de mi verdadera naturaleza, la Conciencia. Voy a cumplir mi propósito y a vivir en el gozo de la Conciencia Infinita que soy. He tomado la decisión de comprender plenamente la Conciencia pura, eterna e indestructible que soy».

- *Práctica de Conciencia*
  Paso 1. Pregúntate: «¿Soy consciente?»
  Paso 2. Percibe la Conciencia.
  Paso 3. Permanece como Conciencia.

- *Desplaza tu atención hacia la Conciencia fijándote en ella numerosas veces a lo largo del día.*

- *Dedica al menos cinco minutos al día a fijar tu atención en la Conciencia. Puede ser al despertar, cuando te acuestes o en cualquier otro momento, cuando te venga bien.*

- *Cuestiónate cada sentimiento negativo preguntándote: «¿Soy eso o soy quien es consciente de eso?».*

- *Puedes usar esa misma pregunta («¿Soy eso o soy quien es consciente de eso?»)
  para cuestionar cualquier pensamiento negativo o sensación de dolor físico que
  tengas.*

- *El Superejercicio
  Paso 1. Acoge todo lo negativo.
  Paso 2. Permanece como Conciencia.*

- *Hazte esta pregunta: «¿Soy quien está sufriendo o soy quien es consciente del
  sufrimiento?». La verdad es que tú eres quien es consciente del sufrimiento, no
  quien sufre.*

- *Presta mucha atención cuando te oigas decir «creo» o «no creo», porque esas palabras van seguidas de inmediato por una creencia.*

- *Presta mucha atención cuando te oigas decir «creo» o «no creo», porque con toda
  probabilidad lo que venga después también revelará una creencia.*

- *Puedes ordenar a tu subconsciente que ponga de relieve tus creencias de manera
  que seas más consciente de ellas, diciéndole: «Muéstrame mis creencias claramente una por una, para que sea consciente de todas y cada una de ellas».*

- *Para poner al descubierto tus creencias, toma conciencia de tus reacciones.*

- *Acoge todo sentimiento de resistencia.*

- *Para liberarte de apegos y problemas, acógelos y permanece como Conciencia.*

- *Si no te sientes feliz, procura acoger cualquier sentimiento que no sea de felicidad,
  y deja que esté presente sin intentar cambiarlo ni librarte de él.*

- *La Conciencia le dice sí absolutamente a todo. La Conciencia permite que todo sea libre de ser como es, porque el mundo y todo lo que hay en él es Conciencia: es su propio ser.*

- *¡Detente y hazte presente ahora, porque la Conciencia solo puede reconocerse en este preciso instante!*

«Pase lo que pase, esta alegría
sin motivo aparente perdurará».

—Jan Frazier

Autores Citados en

EL SECRETO MÁS GRANDE

Me siento sumamente afortunada y agradecida por estar en el planeta al mismo tiempo que los espléndidos maestros contemporáneos que aparecen citados en este libro. Estos seres han dedicado su vida a la libertad y a la felicidad *de todos*. Muchos de ellos llevan décadas consagrados a ese propósito. Si estuvieras en presencia de alguno de ellos, podrías sentir el amor arrollador y la alegría que irradian y que es un reflejo de tu verdadera naturaleza. Si alguna vez tienes la oportunidad de verlos en persona, ¡aprovéchala! Y, si no, a algunos de ellos puedes verlos y escucharlos en vivo a través de Internet. No es lo mismo, pero casi.

Despertar a tu verdadera naturaleza es más fácil ahora que nunca. Ahora todos podemos volver a casa. Puede que en el futuro no sea tan fácil —no lo sabemos—, así que, si puedes, aprovecha al máximo este momento, tu vida presente, y las enseñanzas iluminadoras de estos maestros.

SAILOR BOB ADAMSON

Sailor Bob es australiano y vive en mi ciudad natal, Melbourne. Supe de él por primera vez a principios de 2016, tras descubrir lo que somos de verdad. En aquel momento yo vivía en Estados Unidos. Muchos años antes, sin embargo, cuando todavía residía en Melbourne, pasaba a diario delante de la casa de Sailor Bob cuando iba a trabajar. Entonces ignoraba que me hallaba tan cerca de un maestro autorrealizado, de alguien que algún día desempeñaría un papel fundamental en mi vida. Cuando descubrí a Sailor Bob en 2016, decidí subirme a un avión sin perder un instante para ir a verlo. En aquel momento Sailor Bob tenía ya más de ochenta años, y pude asistir a algunas de sus reuniones y entrevistarme personalmente con él varias veces. Cada vez que lo veía, me sentía más ligera, más feliz, más libre. Eso fue en los primeros tiempos de mi despertar espiritual, y todavía me costaba asimilar todo lo que me decía. Hoy en día, en cambio, sus enseñanzas me parecen de una claridad cristalina. Él había cobrado conciencia de su verdadera naturaleza muchas décadas atrás, cuando vivía en la India como discípulo de Nisargadatta Maharaj. Desde entonces, ha compartido sus enseñanzas desde su hogar con cualquiera que estuviera interesado en conocer la verdad. Ahora tiene más de noventa años y sigue celebrando reuniones en su casa. Su máxima «¿Qué hay de malo en este momento, si no lo piensas?» es una de las enseñanzas más profundas y a la vez más sencillas que existen. Sailor Bob es autor de los libros *¿Qué tiene de malo este momento a no ser que te pares a pensar en ello?* y *Presencia consciencia: simplemente esto y nada más.* También puedes disfrutar de sus preciosas enseñanzas en su página web, sailorbobadamson.com.

JULIAN BARBOUR

El físico británico Julian Barbour es autor de los libros *The End of Time: The Next Revolution in Our Understanding of the Universe*, en el que explora la idea de que el tiempo es una ilusión; *The Discovery of Dynamics*, donde investiga el trasfondo de los descubrimientos de Newton; y *The Janus Point*, su última obra, que publicó a los ochenta y tres años. Su página web es platonia.com.

DAVID BINGHAM

David Bingham es británico. Pasó décadas embarcado en su propia búsqueda espiritual, y despertó a su verdadero ser al escuchar un *podcast* del maestro John Wheeler. David contó su experiencia en una entrevista para Conscious TV, y fue esa entrevista la que dio comienzo a mi despertar. Después de verla, seguí sus pasos y escuché el mismo *podcast*. Más tarde hablé por teléfono con David, cuyos consejos me ayudaron a percibir la Conciencia y a ver la verdad de lo que soy. David es ahora un maestro y ha ayudado a infinidad de personas a cobrar conciencia de su verdadero ser. Sus entrevistas para Conscious TV se hallan recogidas en el libro *Conversations on Non-duality*. Para saber más sobre sus maravillosas enseñanzas, visita su página web, nonconceptualawareness.com.

Dr. DEEPAK CHOPRA™, MIEMBRO DEL COLEGIO AMERICANO DE MÉDICOS

El endocrinólogo Deepak Chopra™ llevó a cabo un viaje de descubrimiento desde la India a Estados Unidos y, desencantado con la medicina occidental, se pasó al estudio y la práctica de la medicina integrativa. En 1995 fundó Chopra Center for Wellbeing —que más tarde pasaría a llamarse Chopra Global—, una empresa de salud integral que está fomentando la transformación personal para mejorar el bienestar de millones de personas en todo el mundo. Ha escrito más de noventa libros, muchos de ellos con gran éxito de ventas. La primera vez que vi hablar a Deepak, hace unos años, fue en la conferencia SAND (Science and Non-Duality) y, cuando acabó su charla, me levanté de un salto para aplaudirle. Sus amplias y numerosas enseñanzas se encuentran recogidas en su página web, deepakchopra.com.

ANTHONY DE MELLO, S.J.

El sacerdote jesuita Anthony (Tony) de Mello nació en Bombay (India). Aunque solo estuvo en el planeta cuarenta y cinco años, sus enseñanzas están hoy más vivas que nunca. Su capacidad única para unificar la espiritualidad occidental y la oriental hacen que sus palabras sean especialmente inspiradoras y transformadoras. Gran parte de su público era católico o cristiano, y Tony se inspiraba en gran medida en las enseñanzas de la Biblia, sobre las que arrojaba nueva luz para sus lectores. Gracias a esta mezcla de tradiciones y a la brillantez de su escritura, conseguía facilitar el despertar de muchísima gente. Pese a que su forma física murió en 1987, sus libros siguen teniendo gran éxito y se han vendido por millones: *Una llamada al amor, Sadhana, Contacto con Dios, Un minuto para el absurdo, El canto del pájaro, El manantial, Despertar...* Mis favoritos para iniciarse en su lectura son *Awareness: Conversations with the Masters* y *Redescubrir la vida*. Hay también grabaciones disponibles, y es una delicia poder verlo y escucharlo hablar, siempre con una sonrisa en la voz y con el corazón rebosante de amor. La página web de este extraordinario maestro es demellospirituality.com.

HALE DWOSKIN

Hale Dwoskin fue discípulo del legendario Lester Levenson, que lo designó como su heredero espiritual. Sus enseñanzas aparecen también recogidas en forma de citas en *El Secreto*. Hale ha consagrado su vida a continuar la labor de Lester mediante el método Sedona, para ayudar a los demás a cobrar conciencia de su verdadera naturaleza. El método ha conseguido transformar la vida de infinidad de personas, lo que demuestra su eficacia. Hale celebra con regularidad retiros espirituales en los que enseña a la gente a liberarse de la negatividad para cobrar conciencia de su verdadero ser. Esta liberación ha constituido una parte muy importante de mi periplo espiritual. Puedes encontrar todas sus enseñanzas y las de Lester reunidas en los libros *El método Sedona* y en los cinco volúmenes de *Happiness Is Free*. Hale celebra varios retiros al año en Estados Unidos, donde reside, y en distintos países del mundo. A través de Internet puedes acceder a sus charlas, teleconferencias y retiros desde cualquier parte del mundo, y yo misma he asistido a muchos de ellos por este medio. Todo este valiosísimo material está también disponible en su página web, sedona.com.

PETER DZIUBAN

El escritor y conferenciante Peter Dziuban está especializado en Conciencia, Consciencia y espiritualidad. Nacido en Estados Unidos, vive en Arizona. La primera vez que oí hablar de él fue cuando mi maestra me recomendó su libro *Consciousness Is All*. Lo leí y luego escuché el audiolibro en el que Peter ofrece espontáneamente varias horas más de consejos y enseñanzas. Es un libro muy bello y rebosante de sabiduría que te dejará literalmente sin respiración numerosas veces durante su lectura. Me siento profundamente agradecida por haberlo conocido, porque su lectura hizo añicos mi mundo (¡para bien!). Si estás preparado para ir un paso más allá, tienes que leerlo.

Y, si estás iniciándote en este camino y quieres degustar las enseñanzas de Peter de una forma más sencilla y accesible, te recomiendo que empieces por su libro *Simply Notice*. Su página web es peterdziuban.com.

JAN FRAZIER

Jan Frazier, escritora, maestra y madre, sufrió una transformación radical de consciencia en 2003. Llevaba varios años angustiada por un posible diagnóstico de cáncer cuando, de pronto, todo su miedo se evaporó y se sintió embargada por un gozo sin motivo aparente que no la ha abandonado desde entonces. Así, con el paso del tiempo, descubrió que es posible llevar una vida humana intensa y rica, libre de todo sufrimiento. Ahora, su deseo es dar a conocer la verdad que toda persona lleva dentro. He tenido la fortuna de conversar con Jan en una sesión privada y he leído todos sus bellísimos libros. *When Fear Falls Away: The Story of a Sudden Awakening* es el relato, día a día, de su despertar. Sus otros libros son: *The Freedom of Being: At Ease with What Is*, *The Great Sweetening: Life After Thought* y *Opening the Door: Jan Frazier Teachings on Awakening.* Jan tiene un estilo muy ameno, poético y bello, como demuestran las citas que ha tenido la bondad de dejarme incluir en este libro. Para saber más sobre sus enseñanzas, visita su página web, janfrazierteachings.com.

JOEL GOLDSMITH

Joel Goldsmith fue un escritor espiritual y místico estadounidense. Se le conoce principalmente por su libro *El camino infinito*, que se convirtió en un clásico y ha influido en la vida de muchísima gente en todo el mundo, incluyéndome a mí. Joel publicó numerosos libros, y en su página web (joelgoldsmith.com) puedes encontrar grabaciones originales de sus charlas, conservadas con todo cariño por sus tres hijos.

DR. DAVID R. HAWKINS

El doctor Hawkins fue un afamado psiquiatra, médico, investigador, maestro espiritual y conferenciante estadounidense. Debido a su formación científica y médica, sus enseñanzas espirituales resultan extraordinariamente convincentes desde un punto de vista científico. Me inicié en su obra hace más de quince años, con la lectura de su libro *El poder frente a la fuerza*, que me causó honda impresión. Años después, volví a entrar en contacto con sus enseñanzas al escuchar muchas de sus conferencias y leer su libro *Dejar ir: el camino de la liberación*. Otros títulos suyos son: *Book of Slides*; *Curación y recuperación*; *Yo, realidad y subjetividad*; *Trascender los niveles de conciencia*; *El descubrimiento de la presencia de Dios* y *Verdad frente a falsedad*. El doctor Hawkins fue un prolífico escritor, conferenciante y maestro que influyó en un sinfín de personas de todo el mundo. Su forma física murió en 2012, y desde entonces su esposa, Susan, mantiene vivo su precioso legado. En su página web, veritaspub.com, encontrarás más información sobre su obra y sus enseñanzas espirituales.

MICHAEL JAMES

Michael James comenzó a hacerse preguntas trascendentales desde muy pequeño y a la edad de diecinueve años emprendió un viaje alrededor del mundo en busca del sentido de la vida. Tras recorrer diversos países, llegó al Himalaya y a la India, donde visitó numerosos lugares sagrados y diversos *ashrams* en su afán por encontrar el propósito y el sentido de la existencia. Por último, recaló en Tiruvannamalai, en la India, el *ashram* de Ramana Maharshi, que había muerto décadas antes. Pensaba pasar allí solo unos días, pero acabó quedándose veinte años. A su llegada, leyó el libro de Maharshi *¿Quién soy yo?* y comprendió que por fin había hallado lo que andaba buscando. Aprendió lengua tamil para poder traducir las enseñanzas de Ramana Maharshi, labor a la que dedicó los siguientes veinte años. Supe de su existencia por primera vez al ver una entrevista que le hicieron en Conscious TV. Leí enseguida su maravilloso libro *La felicidad y el arte de ser*, su gran obra, en la que sintetiza las enseñanzas de Ramana. Te invito a visitar su página web, happinessofbeing.com.

BYRON KATIE

La estadounidense Byron Katie llevaba una vida corriente —dos matrimonios, tres hijos y una carrera profesional satisfactoria— cuando cayó en una espiral que, durante diez años, la sumió en la depresión, la agorafobia, el rechazo de sí misma y un desaliento tan hondo que llegó a pensar en suicidarse. Desesperada, Katie ingresó voluntariamente en una residencia, donde más o menos una semana después alcanzó el despertar: la depresión y el miedo que la atenazaban habían desaparecido por completo. En su lugar, descubrió una alegría embriagadora que no la ha abandonado desde entonces. Se dio cuenta de que, cuando creía sus pensamientos, sufría y, cuando los cuestionaba, no sufría, y lo mismo podía decirse de todo ser humano. A partir de su experiencia de autorrealización, desarrolló cuatro interrogantes que se convirtieron en la base de lo que denomina «el Trabajo». Sus enseñanzas han contribuido —y contribuyen aún— a liberar de sufrimiento a cientos de miles de personas en todo el mundo. He utilizado los principios de Katie para cuestionarme mis pensamientos y he tenido la suerte de asistir a varias de sus charlas, donde emplea sus cuatro preguntas para liberar a la gente de sus creencias. Es autora de los libros *Amar lo que es: cuatro preguntas que pueden cambiar tu vida*; *Una mente en paz consigo misma*; *Mil nombres para el gozo*; *Necesito que me quieran, ¿es eso verdad?*; *A Friendly Universe* y, de los álbumes infantiles, *Tiger-Tiger, Is It True?* y *The Four Questions*. En thework.com encontrarás más información sobre sus preciosas enseñanzas.

LOCH KELLY

Loch Kelly conjuga la enseñanza espiritual con la psicología y el estudio de la neurociencia para ayudarnos a llevar una vida consciente. Tras un periplo espiritual que lo llevó a estudiar las enseñanzas de diversos maestros y tradiciones, Loch descubrió su verdadera naturaleza. A través de sus enseñanzas, comparte su experiencia propia, que le ha aportado libertad, amor y un gozo inmensos, y ayuda a los demás a alcanzar ese despertar que considera la siguiente fase en el desarrollo natural humano. Es autor de los libros *Salto a la libertad* y *The Way of Effortless Mindfulness*. En su página web, lochkelly.org, encontrarás un sinfín de recursos útiles, como cursos, retiros y vídeos.

J. KRISHNAMURTI

J. Krishnamurti nació en la India en 1895 y conoció su verdadera naturaleza siendo aún un niño. Actualmente se le considera uno de los principales pensadores y maestros religiosos de la historia. Mi exmarido solía escucharle cuando estábamos casados, así que estuve mucho tiempo expuesta a sus enseñanzas entre mis veinte y mis treinta y tantos años, pero solo cuando realicé mi viaje espiritual tras *El Secreto* pude entender por fin su sabiduría. Muchos de los maestros a los que cito en este libro reconocen la influencia de las máximas de Krishnamurti, que pasó toda su vida adulta hablando ante enormes auditorios por todo el mundo —así como ante escritores, científicos, filósofos, figuras religiosas y educadores— sobre la necesidad de que se dé un cambio radical en la humanidad. Le preocupaba el género humano en su conjunto y no se identificaba con ninguna nacionalidad, creencia, grupo o cultura en particular. Krishnamurti dejó un corpus literario muy importante en forma de charlas públicas, escritos, discusiones con maestros y estudiantes, entrevistas en la radio y la televisión y cartas. Muchas de estas obras se han publicado como libros en más de cincuenta idiomas, junto con centenares de grabaciones de audio y vídeo. Para adentrarte en el riquísimo caudal de sus enseñanzas, visita jkrishnamurti.org.

DR. ROBERT LANZA

El doctor Robert Lanza está considerado uno de los pioneros en la investigación con células madre. Tiene cientos de publicaciones y técnicas patentadas, y ha publicado más de treinta libros científicos, entre ellos *Biocentrismo*, en el que apoya con argumentos muy sólidos la teoría de que la consciencia es la base del Universo, en lugar de ser simplemente fruto de este. Si buscas una perspectiva científica brillante sobre los temas que abordo en este libro, *Biocentrismo* no solo resolverá todas tus dudas, sino que además te cautivará. El doctor Lanza ha recibido numerosos premios y reconocimientos. La revista *Time* lo incluyó en su lista de las cien personas más influyentes del mundo, y *Prospect* en la lista de los cincuenta pensadores más destacados en el ámbito internacional. Se le ha descrito como un genio y como un pensador revolucionario, y se le ha comparado con Einstein. Para saber más sobre él, visita robertlanza.com.

PETER Y KALYANI LAWRY

Los australianos Peter y Kalyani Lawry viven en Melbourne, mi ciudad natal. Tras un intenso periplo espiritual que duró varios años y que los llevó a recorrer la India, descubrieron su verdadera naturaleza. Es poco frecuente que los dos miembros de una pareja hayan alcanzado la autorrealización, lo que hace que los encuentros que celebran en Melbourne sean muy especiales. Compartí con ellos una tarde iluminadora cuando visité Melbourne hace un par de años, y he tenido la suerte de mantener varias charlas privadas por teléfono con Kalyani. Han publicado dos libros, escritos por Kalyani: *A Sprinkling of Jewels* y *Only That*. Para saber más sobre ellos, visita nonduality.com.au.

LESTER LEVENSON

Lester Levenson, la leyenda, la prueba viviente de lo que le sucede a un cuerpo enfermo cuando la luz de la verdad penetra en él. Lester solía decir que «el desasosiego del cuerpo es dolencia de la mente». Ha servido de inspiración a miles de personas, y sus enseñanzas siguen inspirando y contribuyendo a liberar del sufrimiento a muchísima gente, pese a que su forma física murió en la década de 1990. Su manera de enseñar era muy sencilla y, por tanto, cristalina, de ahí que sus enseñanzas puedan seguir despertando a la gente durante siglos. Su legado incluye a su principal grupo de discípulos, que, tras su autorrealización, son ahora maestros por derecho propio. Uno de ellos es Hale Dwoskin, el custodio de la obra de Lester, al que le estoy inmensamente agradecida por haberme permitido incluir tantas de las sencillas pero poderosas enseñanzas de Lester en este libro. Las máximas de Lester han desempeñado y siguen desempeñando un papel fundamental en mi vida. La mayoría de las citas que figuran en este libro están extraídas de los cinco volúmenes de *Happiness Is Free*, de Lester

Levenson y Hale Dwoskin. Para saber más sobre este maestro extraordinario, visita sedona.com.

FRANCIS LUCILLE

Francis Lucille nació en Francia, pero actualmente vive en Estados Unidos. Francis cobró conciencia de su verdadera naturaleza a los treinta años, cuando conoció a su maestro, Jean Klein. Fue Klein quien le animó a trasladarse a Estados Unidos para impartir allí sus enseñanzas y compartir la verdad con otros. Francis estudió física en la prestigiosa École Polytechnique, lo que confiere a sus enseñanzas un claro enfoque científico. Sus máximas, precisas, diáfanas y muy bellas, han ayudado a incontables personas a cobrar conciencia de su verdadero ser, entre ellas a su alumno Rupert Spira, al que también menciono en este libro. He hecho varios retiros con Francis en California y he tenido el enorme placer de pasar muchas horas junto a él en su finca. Francis celebra retiros cada año en Europa y Estados Unidos, además de encuentros (casi siempre los fines de semana) que se retransmiten en vivo por Internet. Puedes participar en estos encuentros estés donde estés y disfrutar así de la presencia acogedora de este maestro maravilloso. Francis es autor de los libros *Flores del silencio*, *Truth Love Beauty* y *Eternity Now*, que he leído varias veces. En su página web, advaitachannel.francislucille.com, encontrarás gran variedad de enseñanzas iluminadoras extraídas de sus encuentros y retiros.

SHAKTI CATERINA MAGGI

Shakti Caterina Maggi despertó en 2003 y lleva nueve años dedicada a la enseñanza espiritual. Desde que comenzó a enseñar, Shakti ha consagrado su vida a compartir el mensaje del despertar a la Conciencia Única, nuestra verdadera naturaleza. Vive en Italia, donde nació, y celebra retiros y encuentros en Europa y por todo el mundo, además de seminarios *online*, tanto en italiano como en inglés. Vi a Shakti por primera vez en una conferencia sobre espiritualidad, y tanto su presencia como sus palabras me impresionaron hondamente. Ha colaborado en el libro *On the Mystery of Being* y publica un blog en inglés. Puedes encontrar numerosos artículos de interés en su página web, shakticaterinamaggi.com.

RAMANA MAHARSHI

Ramana Maharshi es una figura legendaria. En 1896, con dieciséis años, se apoderó de él un intenso miedo a la muerte. Se tumbó y acogió la muerte por completo. En ese momento pasó de ser una persona a asumir su auténtica identidad como Espíritu inmortal. Desde entonces, la persona que aparentaba ser solo existía a ojos de los demás. Para él, en cambio, solo existía el espacio infinito de la conciencia. Sus enseñanzas revelan el camino directo del despertar mediante el autocuestionamiento, la técnica que utilizan muchos de los maestros que cito en estas páginas. Sus palabras te indican el camino hacia tu ser más profundo, la única realidad subyacente a todo lo que existe. Las enseñanzas de Maharshi han contribuido a transformar la vida de muchísimas personas, la mía incluida. Para saber más sobre este ser legendario, visita su página web, sriramanamaharshi.org, donde puedes descargarte numerosos libros gratis.

MOOJI

Mooji nació en Jamaica y se trasladó a Londres siendo un adolescente. Ahora vive en Portugal, donde fundó el Centro de Autorrealización Monte

Sahaja. Su despertar espiritual se inició en 1987 tras un encuentro con un místico cristiano y culminó en 1993 de la mano de su maestro, el afamado sabio indio Papaji. Desde entonces, innumerables personas han acudido a él como guía espiritual y gracias a sus enseñanzas muchos de sus discípulos han cobrado conciencia de su verdadera naturaleza. Mooji cuenta con un sinfín de seguidores en todo el mundo, sobre todo en YouTube, donde publica gratuitamente muchas de sus charlas (*satsangs*) en forma de vídeos. Su estilo de enseñar encuentra eco en muchísimas personas, gracias sobre todo a su sentido del humor, a las metáforas y analogías que utiliza y a su capacidad narrativa, que utiliza con gran destreza para arrojar luz sobre la verdad. Yo, como mucha otra gente, he visto cientos de sus charlas en Internet. Viajé a Portugal para asistir a uno de sus retiros con mi hija, y mi hija conoció su verdadero ser durante nuestra estancia allí. No podría daros mejor referencia que esa. Sus libros incluyen *Inmenso como el cielo, infinito como el espacio*; *Fuego blanco* (segunda edición); *El mala de Dios* y *An Invitation to Freedom* (un libro breve pero fantástico para acceder a tu verdadero ser). En mooji.org puedes encontrar sus libros y muchas de las enseñanzas de este ser maravilloso.

MI MAESTRA

Mi maestra, que desea permanecer en el anonimato, fue alumna de Lester Levenson y Robert Adams, dos de mis maestros preferidos del pasado. Hace cuatro años, cuando la conocí y me hallé en su presencia por primera vez, me invadió un gozo rebosante de dicha. Cuando sientes ese grado de felicidad, no quieres prescindir de él nunca más. ¡Es nuestra verdadera naturaleza! Lamentablemente, ese gozo no duró, porque poco a poco mi mente volvió a hacerse presente, cargada de estrés e infelicidad. Pero, siguiendo los consejos de mi maestra, practicando religiosamente sus ejercicios (todos ellos incluidos en este libro) y hallándome con regularidad en su presencia, mi mente fue perdiendo fuerza. Ahora, la paz y la felicidad me acompañan casi todo el tiempo, y sé que eso mismo puede pasarle a todo el mundo.

JAC O'KEEFFE

Jac O'Keeffe es irlandesa y actualmente reside en Florida. Descubrió la verdad y alcanzó la autorrealización hace más de una década. Sus enseñanzas son insuperables porque fuerzan los límites de la mente condicionada. Destaca por su estilo claro y directo, y celebra retiros, talleres y sesiones privadas para estudiantes. Descubrí a Jac hace unos años en Internet, y sus enseñanzas fueron para mí como un soplo de aire fresco. He tenido, además, la fortuna de asistir en persona a algunas de sus charlas. Sus libros *Born to Be Free* y *How to Be a Spiritual Rebel* son una fuente de inspiración. Como todos los maestros que aparecen mencionados en este libro, Jac ha consagrado su vida a liberar a la humanidad del sufrimiento innecesario que causa la mente para que podamos vivir en el gozo y la felicidad de nuestro verdadero ser. Su página web es jac-okeeffe.com.

MAX PLANCK

El físico alemán Max Planck hizo numerosas aportaciones a la física teórica, pero alcanzó la fama por su descubrimiento de los cuantos de energía, que le valió el premio Nobel en 1918 y revolucionó la comprensión humana de los procesos atómicos y subatómicos.

SRI POONJA

Sri Poonja, conocido cariñosamente como Papaji por sus discípulos —uno de ellos, Mooji—, nació en la India. Papaji comenzó a sentirse atraído por la espiritualidad siendo muy niño y tuvo su primera experiencia espiritual a los nueve años. Su búsqueda espiritual concluyó unos treinta años después, cuando conoció a Ramana Maharshi y cobró conciencia de su verdadero ser. Durante las décadas de 1980 y 1990, miles de personas viajaron a Lucknow, en la India, para hallarse en su presencia y participar de su energía. Abandonó su cuerpo en 1997. Para saber más sobre sus enseñanzas, visita la página avadhuta.com.

ORDEN ROSACRUZ

En la introducción y a lo largo de las páginas del libro menciono en varias ocasiones a la Orden Rosacruz, cuya sede se encuentra en España, concretamente en las islas Canarias. Soy miembro honorario de esta organización sin ánimo de lucro dedicada a elevar la consciencia de la humanidad. Fundada en Europa en el siglo XIV, la Orden es heredera espiritual de las antiguas escuelas de conocimiento que florecieron en Babilonia, Egipto, Grecia y Roma, y quizá incluso en épocas anteriores. A lo largo de los siglos, ha contado entre sus filas con personajes históricos muy destacados, que trabajaron calladamente, aun a riesgo de sus vidas, por liberar a la humanidad del sufrimiento a través de la verdad. Entre sus miembros más famosos se cuentan Isaac Newton y Francis Bacon, que fue imperator de la Orden. El actual imperator, Ángel Martín Velayos, es mi mentor desde hace muchos años. Estudié el corpus de conocimiento de la Orden Rosacruz durante una década, completando más de veintidós grados de sus enseñanzas en lengua inglesa. Dichas enseñanzas han tenido una enorme influencia sobre mí al ayudarme a ver y entender la verdad. Para saber más sobre la Orden, visita rosacruz.net.

RUMI

Rumi fue un místico y poeta sufí del siglo XIII. Su influencia y sus palabras cargadas de verdad han trascendido todas las fronteras religiosas, geográficas y culturales, y hoy en día sus poemas siguen admirando al mundo.

PETER RUSSELL

Peter Russell estudió física y matemáticas en la Universidad de Cambridge y ha dedicado su vida al estudio de las tradiciones científicas y espirituales. Entre sus muchos libros destacan *Ciencia, conciencia y luz*; *La revolución de la conciencia*; *The Global Brain*; *The TM Technique*; *Waking Up in Time* y *From Science to God*. Tuve el placer de ver hablar a Peter en la Science and Nonduality Conference de San José. Su página web, peterrussell.com, contiene numerosas enseñanzas y charlas de acceso gratuito.

RUPERT SPIRA

Rupert Spira es británico y reside en Inglaterra, donde celebra encuentros y retiros con regularidad. Todos los años dirige, además, numerosos retiros en Europa y Estados Unidos. Comenzó siendo pintor y ceramista y, tras veinte años de práctica espiritual y meditativa, cobró conciencia de su verdadera naturaleza de la mano de su maestro, Francis Lucille. Sus enseñanzas, caracterizadas por su estilo elocuente y muy íntimo, han transformado la vida de gran número de alumnos y fueron un factor importante en mi viaje hacia el despertar; especialmente, en lo relativo a la desidentificación con mi cuerpo. Cuando un alumno le formula una pregunta, Rupert procura siempre que el estudiante experimente la respuesta, en lugar de ofrecerle una noción mental para resolver su duda. En su página web encontrarás numerosos vídeos y audios extraídos de sus retiros y charlas. He leído todos sus libros: *La naturaleza de la conciencia*; *Presencia: el arte de la paz y la felicidad*; *Las cenizas del amor*; *Ser consciente de ser consciente*; *Transparent Body, Luminous World*; *The Light of Pure Knowing*; *The Transparency of Things* y *The Intiminacy of All Experience*. Visita su página web, rupertspira.com.

ECKHART TOLLE

Eckhart Tolle es un escritor y maestro espiritual de nacionalidad alemana. Llevaba gran parte de su vida sumido en una depresión cuando, a los veintinueve años, sufrió una profunda transformación interna que cambió drásticamente el rumbo de su existencia. Sus dos libros más conocidos, *El poder del ahora* y *Un nuevo mundo, ahora*, traducidos a más de cincuenta idiomas, sirvieron para que millones de personas pudieran conocer el gozo y la libertad de vivir en el instante presente. Sus enseñanzas, sencillas pero de gran hondura, han ayudado a incontables personas en todo el mundo a hallar la paz interior y la plenitud de la existencia. El núcleo de sus enseñanzas es un despertar espiritual que, según Eckhart, es el siguiente paso en la evolución humana. Para alcanzar ese despertar, es esencial trascender el estado de consciencia basado en el ego. Como millones de personas, yo descubrí su sabiduría leyendo *El poder del ahora*. Tuve numerosas experiencias espirituales mientras leía el libro, y llevaba siempre conmigo un ejemplar de *Practicando el poder del ahora*. Durante años hice sus ejercicios con regularidad. Eckhart es también autor del ensayo *El silencio habla* y de los libros para niños *Los guardianes del ser* y *El secreto de Milton*. Celebra retiros y da charlas y conferencias por todo el mundo, y ha hecho una contribución inmensa a la humanidad al ayudar a infinidad de personas a liberarse de las ataduras del sufrimiento que causa el ego. Su página web es eckharttolle.com.

UPANISHADS

Los Upanishads son textos espirituales escritos en idioma sánscrito aproximadamente entre el año 800 y el 200 a. C. Forman parte de los Vedas, las escrituras sagradas más antiguas del hinduismo.

ALAN WATTS

Alan Watts fue un escritor y maestro británico que popularizó las filosofías orientales entre el público occidental. Sus conferencias, de estilo muy bello, continúan teniendo gran popularidad en todo el mundo muchos años después de la muerte de su forma física, acaecida en 1973. Alan escribió veinticinco libros, muchos de los cuales he leído. Entre los más conocidos se encuentran *El camino del zen*, *The Book: On the Taboo Against Knowing Who You Are* y *The Wisdom of Insecurity*. Sus hijos han publicado en Internet los vídeos de varias de sus conferencias y mantienen vivas sus enseñanzas a través de la página web alanwatts.org, para que su contribución a la vida en el planeta se extienda a las generaciones venideras.

PAMELA WILSON

Pamela Wilson vive en la región de la bahía de San Francisco, al norte de California, y fue discípula de Lester Levenson y Robert Adams. Lleva más de veinte años viajando por Estados Unidos, Canadá y Europa para celebrar retiros e impartir charlas y cursos acerca de la tradición no dualista. Ha colaborado asimismo en el libro *On the Mistery of Being*, de Science and Nonduality. Si quieres saber más sobre ella, en su página web pamelasatsang.com encontrarás muchas de sus enseñanzas.

PARAMAHANSA YOGANANDA

Hoy en día, transcurridos más de cien años desde su nacimiento, este maestro reverenciado en todo el mundo es reconocido como uno de los principales embajadores de la antigua sabiduría de la India en Occidente. La vida y las enseñanzas de Yogananda siguen siendo una fuente de luz e inspiración para personas de todas las razas, culturas y credos. Entre sus seguidores se cuentan muchas grandes figuras de la ciencia, los negocios y las artes, y el presidente Calvin Coolidge lo recibió en la Casa Blanca. Descubrí sus enseñanzas, como muchos otros, cuando leí su libro *Autobiografía de un yogui*, del que se han vendido millones de ejemplares. Es un libro inolvidable que dio origen a una auténtica revolución espiritual y que ha ejercido una profunda influencia sobre mí. En la página web de la asociación Self-Realization Fellowship, fundada por el propio Yogananda, puede leerse gratuitamente la versión inglesa de su autobiografía. Yogananda es además autor de muchos otros escritos, como sus *Lecciones*, a las que puedes acceder al suscribirte a la página web de SRF: yogananda.org.